SPICKZETTEL FÜR LEHRER

CARL-AUER

Diederika Forster/Ulrike Waterkamp

Systemisch denken – Schule erfolgreich leiten

2014

Reihe »Spickzettel für Lehrer«,
hrsg. von Christa Hubrig und Peter Herrmann
Reihengestaltung: Uwe Göbel und Jan Riemer
Satz: Heinrich Eiermann
Printed in Germany
Druck und Bindung: Kösel, Krugzell

Erste Auflage, 2014
ISBN 978-3-8497-0023-2

Bibliografische Information Der Deutschen Nationalbibliothek:
Die Deutsche Nationalbibliothek verzeichnet diese Publikation
in der Deutschen Nationalbibliografie; detaillierte bibliografische
Daten sind im Internet über http://dnb.d-nb.de abrufbar.

Informationen zu unserem gesamten Programm, unseren Autoren
und zum Verlag finden Sie unter: www.carl-auer.de.

Wenn Sie Interesse an unseren monatlichen Nachrichten
aus der Vangerowstraße haben, können sie unter
http://www.carl-auer.de/newsletter den Newsletter abonnieren.

Carl-Auer Verlag GmbH
Vangerowstraße 14
69115 Heidelberg
Tel. 0 62 21-64 38 0
Fax 0 62 21-64 38 22
info@carl-auer.de

CARL-AUER

Spickzettel für Lehrer – systemisch Schule machen

»Hast du einen Spickzettel?« Diese Frage kennen wir noch aus der Schulzeit, aus der Schülerperspektive, wenn es darum ging, sich auf Prüfungen und Klassenarbeiten vorzubereiten. Wechseln wir die Rolle und Perspektive und stellen uns auf die andere Seite des Klassenzimmers, auf der die »Wissenden«, d. h. die Lehrer, stehen. Schnell wird deutlich: Bei aller Erfahrung gibt es doch erhebliche »Wissenslücken« im Umgang mit schwierigen Situationen, ob sie nun das Lernen selbst, die Schule als Organisation oder die Beziehungen und das Verhalten der Beteiligten betreffen.

Systemisch orientierte Pädagogen können sich hier ruhig und entspannt zurücklehnen, wohl wissend, dass sie selbst »Fragende« sind – Fragende bezüglich passender

Antworten auf die sich stets wandelnden und neu entstehenden Konfliktfelder in der Organisation Schule, zwischen Schülern und Lehrern, zwischen Schule und Eltern und auch mit dem politischen Umfeld von Schule.

Aus systemischer Sicht sind Schwierigkeiten immer mit Lernchancen verbunden. Wo der Blick vom Problem auf die Lösung wechselt, wo man statt hinderlicher Defizite hilfreiche Ressourcen ins Auge fasst, kommt auch die Haltung in Bewegung. Ein gut platzierter Unterschied zieht dann oft viele positive Änderungen nach sich.

Die Bücher dieser Reihe wollen Einladungen sein, sich auf diese andere Sichtweise einzulassen. Sie sollen Lehrern, Erziehern und Schulleitern Methoden und Strategien zum täglichen Handeln anbieten, die Ihnen die Arbeit – und im besten Fall: das Leben – leichter machen. Sie sind auch Rezepte, die man ausprobieren und mit eigenen Zutaten verfeinern kann.

Wir wünschen Ihnen viel Spaß beim Lesen, Erfahren und Ausprobieren!

Christa Hubrig & Peter Herrmann

Institut für systemische Lösungen in der Schule (ISIS)

www.isis-institut-koeln.de

Inhalt

Einleitung 9
1 Warum Schule systemisch leiten? 16
2 Die Entwicklung einer Vision von Schule als Zugang zum Leitungshandeln 20
2.1 Vision von Schule: Ich lerne, also lebe ich 21
2.2 Vision von Schule: Ich bin hier wichtig, um dort zu bestehen 23
3 Grundannahmen der Systemik 27
4 Der Paradigmenwechsel hin zur Lösungsorientierung 33
4.1 Innere Haltung 33
4.2 Inseln der Selbstreflexion 36
4.3 Rollenklarheit 38
4.4 Pacing und Leading 41
5 Knotenpunkte im Arbeitsfeld systemischer Schulleitung 45
5.1 »Ich habe es geschafft!« 46
5.2 Meine graue Eminenz 49
5.3 Blumen ins Körbchen 54
5.4 Im Auge des Taifuns 58
5.5 Herr P. – zum Ersten 63

5.6 »Aber die hören ja nicht!« 64
5.7 Herr P. – zum Zweiten........................67
5.8 »Wir sind hier nämlich die Chaoten«..........68
5.9 Herr P. – zum Dritten........................73
5.10 »Störe meine Kreise nicht!«.................74
5.11 Herr P. – zum Vierten.......................77
5.12 »Ich habe einen Traum«......................78
6 Ein kleines Angebot an hilfreichen Methoden ..84
6.1 Kollegen ressourcenorientiert in den Blick nehmen..............................85
6.2 Das Meta-Modell der Sprache – die »Ufo-Übung«...........................90
6.3 Klagender – Besucher – Kunde................94
7 Abschlussbemerkung............................97
Literatur...99
Über die Autorinnen..............................100

Einleitung

Sie denken darüber nach, ob es für Sie der richtige Schritt ist, die Leitung einer Schule zu übernehmen oder Mitglied einer erweiterten Schulleitung zu werden?

Sie leiten bereits eine Schule und wünschen sich neue Impulse für Ihre Arbeit?

Sie interessieren sich allgemein für Fragen der Schule und der Schulentwicklung und möchten Einblick in die Perspektive der Leitung gewinnen?

Dann sind Sie hier richtig.

Wir, die Autorinnen, haben mehr als zehn Jahre in einem Schulleitungsteam gemeinsam eine Schule geleitet. Deshalb besitzen wir umfangreiche Erfahrungen darüber, wie es ist, ein Leitungsamt zu übernehmen, vielfältige Aufgaben zu meistern und vor allem: die Freude an der eigenen Arbeit mit langem Atem zu wahren.

Der vorliegende *Spickzettel* zum Leitungshandeln möchte Ihnen den Weg dazu ebnen, als Schulleiter eine Schule so zu leiten, dass es gut für die Schule und alle in ihr Agierenden ist, und gleichzeitig mit sich als Person so umzugehen, dass man, auch auf lange Sicht, seine innere Stärke wahrt.

Wir sind davon überzeugt, dass dies möglich ist.

Wir sagen nicht, dass es keine Probleme gebe. Wir haben vielmehr erfahren, dass es typische Fallen gibt, in die man gerade aus der Leitungsperspektive heraus tappen kann. Deshalb haben wir prägnante Situationen des Leitungshandelns in kurzen Erfahrungsberichten zusammengefasst. Diese Berichte aus der Praxis zeigen, welche Schwierigkeiten auftreten können. Sie machen aber gleichzeitig deutlich, dass, wenn man ein Problem aus systemischer Sicht »liest«, sich bereits beim Auftreten des Problems eine Lösung anbahnt.

Hier kann eine der ersten und oft besonders prägenden Erfahrungen eines Schulleiters sehr gut als Beispiel dienen: die ersten Tage im neuen Amt.

Wir halten es für besonders wichtig, dass der Leiter sich darüber im Klaren ist, dass er mit der Übernahme einer Leitungsaufgabe den gewohnten Kreis des Kollegiums verlässt und in eine neue Position mit anderer Qualität eintritt.

Wenn Sie als Leser dieses *Spickzettels* in einem der folgenden Berichte im Vorhinein etwas über die alltäglichen Konsequenzen dieses Status-Wechsels gelesen haben, sind Sie besser auf die zunächst ungewohnte Situation vorbereitet. Vielleicht sehen Sie dann die sich distanzierenden Kollegen nicht als Ihr persönliches Problem, sondern als eine mit dem Amt gesetzte Aufgabe, die es zu bewältigen gilt. Die Konfrontation mit der »Einsamkeit des Amtes« wird so zum Teil einer vielfältigen Gesamtaufgabe.

Sie wollen sicher wissen, was Sie vom Geschäft des Schule-Leitens besser verstehen, wenn Sie dieses kleine Buch gelesen haben? Das wesentliche Element ist unseres Erachtens das Einnehmen einer (bestimmten) inneren Haltung. Das Fundament dieser Haltung ist die Lösungsorientierung. Die entsprechende zentrale Aussage der Systemik hierzu lautet, dass mein Handeln in meinem Arbeitsfeld entscheidend von der Ausrichtung meiner Aufmerksamkeit geprägt ist: Wenn ich nur auf die sich darbietenden Probleme schaue, gerate ich intellektuell und emotional in den Sog der Problemenergie. Schnell fühle ich mich überlastet und habe den Eindruck, in einer ausweglosen Situation festzustecken.

Die lösungsorientierte Haltung dagegen richtet ihre Aufmerksamkeit a priori auf die Potenziale, d. h. die Entwicklungsmöglichkeiten, die den sich stellenden Aufgaben innewohnen.

Das Wichtigste ist also, dass ich gerade auch als Schulleiter verstehe: Meine Haltung, die Fokussierung meiner Aufmerksamkeit auf mögliche Lösungsressourcen ist mein entscheidender Beitrag zu einem gelingenden Schulmanagement. Der Erwerb einer lösungsorientierten Grundhaltung steht deshalb im Mittelpunkt des vorliegenden *Spickzettels*.

Nun ist es ja so, dass der Erwerb einer Haltung ein individueller und nur in Eigenaktivität zu leistender umfassender Lernprozess ist. Wir hoffen, dass sich in Ihnen beim Lesen des *Spickzettels* in der Konfrontation mit den dargebotenen Inhalten eine ganz entscheidende Wendung zur Lösungsorientierung vollzieht oder eine bereits bestehende Ressourcenorientierung gefestigt wird.

Der Aufbau unseres Buches orientiert sich daher am roten Faden des wichtigsten Werkzeugs eines Schulleiters: seiner inneren Haltung. Damit Sie die vom systemischen Verständnis geprägte innere Haltung erwerben können, berichten wir im 1. Kapitel, »Warum Schule systemisch leiten?«, darüber, worin in unserer Entwicklung schulischer Leitungstätigkeit der entscheidende Impuls lag, uns einen von der Systemik geprägten Blick auf das gesamte Arbeitsfeld zu erarbeiten. In diesem Zusammenhang nimmt der Begriff der Verantwortung eine zentrale Rolle ein. Wir warnen davor, einem verengten, nur auf die Person des Schulleiters konzentrierten Verständnis von Verantwortung zu folgen, denn eine solche Interpretation des Begriffs führt zu Überforderung der eigenen Person und Schwächung der eigenen Position.

Das 2. Kapitel, »Die Entwicklung einer Vision von Schule als Zugang zum Leitungshandeln«, stellt daher bewusst einen Kontrapunkt zum 1. Kapitel dar. Wir möchten Ihnen anbieten, für sich eine Quelle zu schaffen, die für Ihren Weg der Schulentwicklung inspirierend ist und aus der Sie im Alltag immer wieder Kraft schöpfen können.

Damit Sie als Leser die wechselseitige Bedingtheit der vier zentralen Kompetenzen innere Haltung, Selbstreflexion, Rollenklarheit sowie Pacing und Leading nachvollziehen können, erläutern wir diese im 3. Kapitel, »Grundannahmen der Systemik«. Die Darstellung der systemischen Theorie haben wir auf die Aspekte konzentriert, die für das in diesem »Spickzettel« entworfene Verständnis von Schulleitung unverzichtbar sind.

Im 4. Kapitel schlüsseln wir auf, welche Fähigkeiten für den entscheidenden Paradigmenwechsel von der Problem- zur Lösungsorientierung unabdingbar sind.

Mit dem 5. Kapitel, »Knotenpunkte im Arbeitsfeld systemischer Schulleitung«, möchten wir verschiedene Facetten unserer Erfahrung eines anderen Leitungshandelns transportieren. Wir stellen für uns bedeutsame Wendepunkte unserer eigenen Lernprozesse in prägnanten Geschichten dar, die sich so oder ganz ähnlich zugetragen haben. Es ist uns ein besonderes Anliegen, mit diesen Episoden Einblicke in unseren allmählichen Veränderungsprozess zu gewähren, der sich in vielen kleinen Schritten vollzogen hat.

Die Episoden zu den »Knotenpunkten« sind in der Ich-Perspektive verfasst. Diese Form haben wir gewählt, damit deutlich wird: Jeder Schritt zur systemischen Haltung ist ein Akt kontinuierlicher Eigentätigkeit. Hinter dem »Ich« verbergen sich beide Autorinnen. (Wie wir überhaupt im gesamten Text sowohl die Ich- als auch die Wir-Form verwenden. Unsere Texte sind in einem gemeinsamen Schreibprozess gewachsen, deshalb verantworten wir auch alle Texte gemeinsam.)

Schließlich rundet das 6. Kapitel, »Ein kleines Angebot an hilfreichen Methoden«, diesen Spickzettel zur systemischen Schulleitung ab. Wir haben aus der Fülle systemischer Methoden einige ausgewählt, die sich in unserer Praxis besonders bewährt haben.

Wir verweisen darauf, dass wir in unseren Texten aus Gründen der besseren Lesbarkeit vorwiegend die männliche Form gewählt haben.

Natürlich meinen wir immer Männer und Frauen.

1 Warum Schule systemisch leiten?

»Wenn es in diesem Raum, in dem du dich befindest, einem anderen besser geht als dir, dann machst du etwas falsch.«

Ich hatte mich zur Fortbildung »Systemische Organisationsentwicklung« angemeldet, und das war der erste Satz, der bei mir hängen blieb. Ich war geschockt. »Ich bin doch kein Egoist! Was ist mit meiner Verantwortung?«

Ich war, als frisch gebackene Abteilungsleiterin, natürlich davon überzeugt, für das Wohlbefinden aller, ja der ganzen Schule zuständig zu sein. Wie fast jedes Schulleitungsmitglied hatte ich ein ausgeprägtes Helfersyndrom. (Übrigens eine Grundlage für schlechte Laune!)

Unzufrieden und irritiert fuhr ich nach der ersten Sitzung nach Hause. Aber mein Weltbild war *perturbiert*. Der Satz veränderte meinen Alltag. Er arbeitete in mir, und ich arbeitete an mir. Ich beobachtete mich, und tatsächlich: Ging es mir gut, d. h. hatte ich für mich gesorgt, ging es auch meinem Gegenüber besser. Meine gute Stimmung erwies sich als Türöffner dafür, dass ich überhaupt wahrnehmen konnte, wie es meinem Gegenüber ging. Jener irritierende Satz schuf keine Konkurrenz, er war vielmehr die Grundlage für eine konstruktive Zusammenarbeit.

Schulleitungshandeln ist ein umfangreiches Arbeitsfeld, in dem Menschen mit sehr unterschiedlichen Auffassungen und Interessen agieren. Es gibt dort Schüler, Kollegen, Eltern, kommunale Schulverwaltung, Schulaufsicht und weitere Partner, mit denen die jeweilige Schule kooperiert. Alle sind permanent präsent, deshalb entsteht im Alltag eines jeden Schulleitungsmitgliedes ein komplexes Beziehungsgeflecht, das ein weit gefächertes Aufgabenspektrum mit sich bringt, in dem man sich leicht verlieren kann.

»Für all das verantwortlich? Um Gottes willen!«

Die Autorinnen haben aus der Systemik gelernt, dass sie aus der Schulleitung heraus zwar Prozesse initiieren können, das Ergebnis aber autonom von allen Beteiligten entwickelt werden muss. Schulleitungshandeln liegt nicht auf dem »Gipfel eines Berges«, sondern im Aktionsradius eines Mobiles. Wir können durch Impulse das Mobile in Bewegung setzen, aber nicht bestimmen, welche Bahn

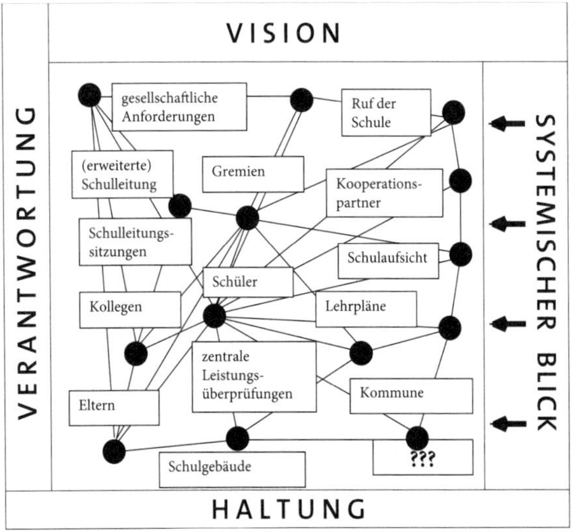

Abb. 1: Knotenpunkte im Handlungsfeld der Schulleitung

die einzelnen Elemente ziehen. Wir sind nicht verantwortlich dafür, zu welcher Lösung ein System, das sich in Bewegung gesetzt hat, schließlich kommt.

So haben wir durch unseren Kontakt mit systemischem Denken ein verändertes Verständnis des Begriffs Verantwortung für schulleiterisches Handeln gewonnen: Unsere

Verantwortung liegt darin, Prozesse anzustoßen und alle Beteiligten konstruktiv einzubinden.

Wir haben den Wert des Fragens kennengelernt: Sage ich aus meiner Sicht, was richtig ist und was geschehen sollte, passiert in vielen Fällen gar nichts. Stelle ich einem Kollegen, einer Schülerin, einem Vater dagegen eine Frage, wird bei dem Befragten die Suche nach einer Lösung angeregt.

> »*Wenn es in diesem Raum, in dem du dich befindest, einem anderen besser geht als dir, dann machst du etwas falsch.*«

Die systemische Denkweise entlastet den Alltag. Dazu möchten wir im Folgenden einige Einblicke ermöglichen.

2 Die Entwicklung einer Vision von Schule als Zugang zum Leitungshandeln

Haben Sie eine Vision von Schule?

Wie sieht sie aus?

Wohin wollen Sie junge Menschen bilden und erziehen?

In der Schule ist es wie bei einem Schiff: Die Navigation hat erst dann einen Sinn, wenn es ein Ziel gibt, ein »Wohin steuern wir?«. Wir bedienen uns in unserem Auto heute selbstverständlich eines Navigationsgerätes – der eine oder andere von uns kann auch noch nach den Sternen (sprich: Straßenkarte) navigieren – aber immer beginnen wir unsere Fahrt damit, ein Ziel einzugeben und dieses anzupeilen. Anders funktioniert es nicht.

Haben Sie Ihre Vision von Schule deutlich und bewusst vor sich? Können Sie die Koordinaten jederzeit eingeben?

Vielleicht ist sie inzwischen in einem Wust von Alltagsanforderungen untergegangen.

Vielleicht hatten Sie auf dem Weg in die Verantwortung auch gar keine Muße und Gelegenheit, sie zu notieren.

Vielleicht verkümmert Ihre Vision gerade unter dem »die Bedingungen sind leider nicht so«.

Schule leiten ohne eine Vision – da wird das Schiff »Schule« schnell zum »Fliegenden Holländer«, die Besatzung und alle Mitreisenden zu ruhelosen, traurigen Gefangenen der Institution. Systemische Haltung ohne eine Vision, ohne ein Ziel geht nicht.

Wir stellen Ihnen im Folgenden vor, wie wir unsere Vision von Schule beschreiben. Und wir geben Ihnen Anregungen, wie Sie Ihre eigene Vision (wieder)finden können.

2.1 Vision von Schule: Ich lerne, also lebe ich

Non scolae sed vitae discimus.

In der Schule wird gelernt.

Das klingt so selbstverständlich, dass ich als Schulleiterin skeptisch werden sollte. Und richtig: Von vielen Seiten wird tagein, tagaus bezweifelt, dass Schule wirklich ein Ort produktiven Lernens ist.

Da beide Koordinaten, sowohl die der Selbstverständlichkeit als auch die des Zweifels, mein Alltagshandeln in der Schulleitung gleichzeitig bestimmen, ist es sehr wichtig, dass ich mich persönlich in diesem System an einem für mich klaren Punkt verankere. Ich sollte von mir selbst wissen, was ich vom Lernen halte, welches Bild des Lernens ich verinnerlicht habe. Die eigene Lernbiografie gibt hierüber Aufschluss:

Ich selbst habe immer gerne gelernt. Die Motivation, Lehrerin zu werden, gründete bei mir darin, die Freude am Lernen, die Bereicherung, die das Lernen vermittelt, an Kinder und Jugendliche weiterzugeben.

Ich begann meine Tätigkeit als Lehrerin mit großem Enthusiasmus. Nach den ersten Berufsjahren geriet ich in eine Krise: Institutionelle Zwänge, demotivierte Schüler und hohe Arbeitsbelastung hatten mich vergessen lassen, warum ich meinen Beruf überhaupt ergriffen hatte.

Für mich brachte die Teilnahme an einer Fortbildung über eine andere Art des Lehrens und Lernens die entscheidende Wende (zur Freinet-Pädagogik[1]). Ich erinnere mich noch gut, wie ich an den vielfältigen, kreativen Angeboten teilnahm und feststellte, dass die dort anwesenden Lehrerinnen und Lehrer in ihrem Tun zeigten, dass Lernen Freude bereitet. Sie eröffneten sich, indem sie an der Fortbildung teilnahmen, eine Distanz zu ihrem schulischen Alltag, um zum »Urgrund allen Lernens«, der

1 siehe: www.freinet-kooperative.de

Freude am Lernen zurückzufinden. Ich verstand: Wer Lehrer ist, muss selbst Raum zum Lernen haben.

Welche Schule möchte ich leiten?

Eine Schule, in der alle Beteiligten immer wieder gerne lernen.

2.2 Vision von Schule: Ich bin *hier* wichtig, um *dort* zu bestehen

Schule ist kein Job wie jeder andere.

Schule, und gar Schule leiten, ohne eine Vision von Bildung und Erziehung ist für mich nicht denkbar. Nun gibt bereits die Landesverfassung von Nordrhein-Westfalen eine bindende Richtung, insbesondere Artikel 7.2:

»(2) Die Jugend soll erzogen werden im Geiste der Menschlichkeit, der Demokratie und der Freiheit, zur Duldsamkeit und zur Achtung vor der Überzeugung des anderen, zur Verantwortung für Tiere und die Erhaltung der natürlichen Lebensgrundlagen, in Liebe zu Volk und Heimat, zur Völkergemeinschaft und Friedensgesinnung.«

Was davon ist in besonderer Weise meins?

Ich weiß, dass jeder Mensch, besonders jedes Kind, erst

sich selbst akzeptieren muss, bevor er bzw. es andere akzeptieren kann. Ich stelle mir eine Schule vor, in der Neugier auf alles Neue, Fremde, Andere positiv besetzt ist, in der Empathie Hauptfach ist.

Meine Vision: Eine Schule, die Konflikte auszuhalten und zu lösen lehrt.

→ Schule für eine konfliktfähige Gesellschaft

Ich weiß, dass unsere Demokratie fragende, mitdenkende Bürger braucht, die Verführungen jeglicher Art erkennen können. Ich stelle mir eine Schule vor, in der Teilhabe System ist, in der Verantwortung ständig praktiziert wird, in der auf Augenhöhe kommuniziert wird.

Meine Vision: Die Schule ist die Schule unserer Gesellschaft (in Anlehnung an Gustav Heinemann).

→ Schule für eine demokratische Gesellschaft

Ich weiß, dass jedes Kind lernen möchte. Ich stelle mir eine Schule vor, in der Kinder und Jugendliche immer wieder neu Lust haben, zu lernen, ungeachtet der vielen Frustrationen, die sie sich und die Schule ihnen im Verlauf ihrer Schulzeit antun. Ich weiß, dass Bildung und Erziehung für beide Seiten, für Lehrende und Lernende, anstrengend ist. Ich stelle mir eine Schule vor, in der Lehrer und Schüler gerne vor Anstrengung »schwitzen«, und Arbeit als Grundvoraussetzung für Erkenntnis, für Weiterentwicklung und für Zufriedenheit schätzen.

Meine Vision: Eine Schule, in der Lernen immer wieder Spaß macht und zu Erfolgen führt.

→ Schule für eine lernende, zukunftsfähige Gesellschaft

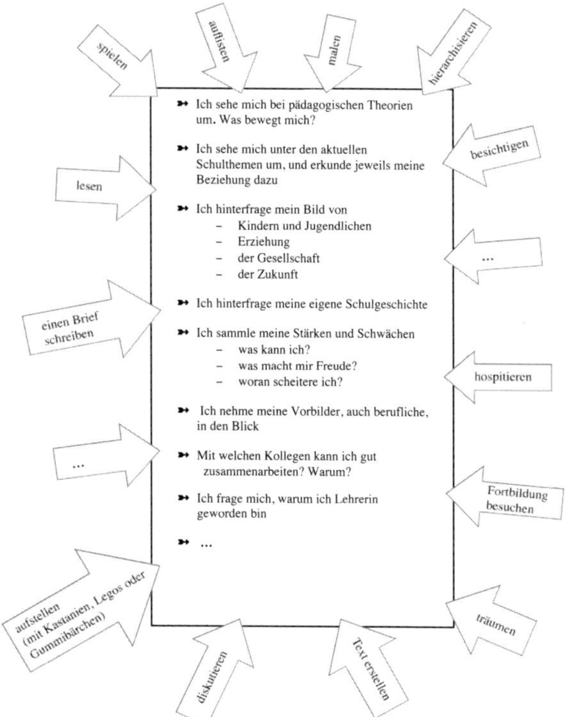

Abb. 2: Methodenmanual zum (Wieder-)Finden der eigenen Vision

3 Grundannahmen der Systemik

Probleme in Organisationen sind häufig die eines linearen Denkens in *Ursache-und-Wirkungs-Zusammenhängen.* Wir alle kennen den Seufzer von Kollegen: »Wenn ich andere Schüler hätte, dann wäre mein Unterricht erfolgreicher!« Wie in einem Pingpong-Spiel geben uns diese Kollegen mit solchen oder ähnlichen Sätzen alle Bemühungen um Schulentwicklung zurück.

Verfolgen wir dieses Spiel noch ein wenig weiter:

Wir als Schulleitung können eine alternative Lernmethode vorschlagen und werden hören: »Wenn ich andere Schüler hätte …«

Wir können andere Formen der Unterrichtsorganisation ins Gespräch bringen und bekommen entgegnet: »Wenn ich andere Schüler hätte …«

Wir in der Schulleitung Tätigen stellen immer wieder fest: Je mehr wir uns nach dem gleichen Muster um die Lösung eines Problems bemühen, desto mehr verfestigt es sich.

Solange wir nicht aus dem Wenn-dann-Kontext aussteigen, können wir noch ungezählte weitere Versuche zur Schulentwicklung unternehmen, ohne dass diese auf fruchtbaren Boden fallen. Die einzige Veränderung, die wir mit dieser Form des Agierens erreichen, ist wahrscheinlich eine Verschlechterung des Schulklimas.

Denn: Mehr desselben ist zu wenig.

Was ändert sich, wenn wir anfangen, das Schulleitungshandeln systemisch zu denken?

Ich denke systemisch, wenn ich die lineare Ursache-Wirkungs-Kette verlasse und dafür die Tatsache, dass ich in meinem Alltag in einem sozialen System agiere, wirklich akzeptiere.

Die Grundannahmen zur systemischen Beschreibung sozialer Systeme kommen aus dem *Konstruktivismus.* Er geht davon aus, dass es keine absolute Wirklichkeit gibt, sondern jeder Mensch sich seine Wirklichkeit konstruiert. Im Laufe seiner Entwicklung baut sich jeder Mensch aufgrund seiner Erkenntnisse und Erfahrungen bestimmte *Glaubenssysteme*, auch *Landkarten* genannt, auf, innerhalb derer er dann die an ihn herantretenden Informationen zuordnet und bewertet.

Jeder Glaubenssatz ist im *Entstehungskontext* angemessen und verständlich. Glaubenssätze sind an sich nicht richtig oder falsch, sie können aber in einem veränderten

Kontext zu einem Hindernis werden.

Einer der im Beispiel angeführten Kollegen hat in einem bestimmten Kontext festgestellt, dass trotz seiner Bemühungen die Schüler nicht zu dem gewünschten Lernerfolg gekommen sind. Verharrt er darin, allein den Schülern Unfähigkeit zuzuschreiben, wird diese Attribuierung zu einem *Glaubenssatz* und damit zur Barriere für Veränderung.

Meine Aufgabe als Schulleiter mit systemischer Ausrichtung ist es, diesen Glaubenssatz zu *perturbieren.*

In der Sprache der Systemik heißt das: Ich schaffe einen anderen Kontext, damit der Kollege die Chance erhält, anders über seine Schüler zu denken, mehr noch: seine Schüler anders zu denken. Ich ermögliche dem Kollegen einen Aktionstag mit seiner Klasse unter externer Moderation. Ich sorge dafür, dass der Kollege mit seiner Lerngruppe an einem Wettbewerb teilnimmt, der den Schülern die Chance eröffnet, ihre besonderen Fähigkeiten zu zeigen. Ich eröffne dieses oder jenes Feld des gemeinsamen Erlebens und Wahrnehmens – im Idealfall kommt es zu einer Perturbation: Die Schüler leisten etwas, wozu sie nach dem Glaubenssatz des Kollegen gar nicht in der Lage wären.

Nicht mehr desselben, sondern etwas ganz anderes.

Ich gehe davon aus, dass auch kleine Veränderungen in einem System zu größeren Veränderungen führen können. Damit hat sich auch mein Handeln als Schulleiter verändert: Ich »predige« nicht mehr »Schulentwicklung«, sondern initiiere kleine Anstöße, die, wenn nicht unmittelbar, so doch in absehbarer Zeit positive Folgen haben.

Wenn ich, in meinem veränderten Handeln als Schulleitungsmitglied auf das System Schule sehe, bin ich mir darüber im Klaren, dass ich mich nicht in einer neutralen *Beobachterperspektive* befinde, sondern Teil des von mir beobachteten Systems bin.

Mit jeder Veränderung des Systems verändere ich auch mich selbst. Nicht ich als Individuum greife von außen in ein System ein, sondern die Macht der Veränderung liegt in den Spielregeln.

Die Art und Weise der Beobachtung bestimmt die Entwicklungsperspektive. Ich als Schule Leitender denke nicht mehr: »Wenn ich andere Lehrer hätte …«, »Wenn meine Schule an einem anderen Ort läge …«, »Wenn ich einen anderen Schulträger hätte …«

Systemisch gesehen sind »der andere Lehrer«, »der

andere Ort« *Symptomträger*, die ihre Haltungen und Strategien aus ihrer inneren Landkarte ziehen, die im Ursprungskontext sinnvoll waren.

Wenn ich nun einem Symptom begegne, gehe ich nicht mehr automatisch meinerseits in eine bestimmte Haltung und initiiere damit Reaktionen nach dem Muster »mehr desselben«, sondern ich verändere mein Muster. Dabei ist es sehr hilfreich, dass es in jedem System Ausnahmen gibt, die Ansatzpunkte für mögliche konstruktive Veränderungen in sich tragen. (»An welcher Stelle war es einmal anders?«)

Daraus ergeben sich *Konsequenzen für die Personalführung* und den Umgang mit allen weiteren Kommunikationspartnern: Wir sehen problematisches Verhalten (Symptome) erst einmal als sinnvolle Lösung in einem definierten Beziehungskontext. Das schließt Etikettierungen a priori aus.

Die Kunst des systemischen Schulleitungshandelns besteht darin, Problemlagen und Symptome aufzuschlüsseln und damit Ansatzpunkte für Lösungen zu entwickeln.

Ein Beispiel:
Ein Kollege verkündet erzürnt: »Die Klasse 8b ist nicht beschulbar!«

Ich reagiere nicht – wie es bei diesem Kollegen vielleicht naheliegen würde – mit Nachfragen zu seiner Unterrichtsgestaltung.

Ich wertschätze ihn in seiner Wahrnehmung und in seiner Befindlichkeit. Dann verflüssige ich mit ihm gemeinsam die Situation, eventuell mit Hilfe der W-Fragen:

Wer ist beteiligt? Wer genau hat mit wem das Problem? Wann und wo tritt das Problem auf? Wie äußert sich das Problem? (Eventuell: Wann war es einmal anders?)

Durch eine solche Differenzierung wird das Problem weniger kompakt, weniger dringlich. Dem Berichtenden gelingt es so, aus seiner *Problemtrance* herauszutreten. Lösungsansätze für Veränderungen sind auf diese Weise leichter zu finden.

Dieses Beispiel birgt das Geheimnis, wie man auf der Grundlage der Systemik leiten kann. Der Zauber liegt in der inneren Haltung: Nicht *ich muss* das Problem lösen, nicht *ich kann* das Problem lösen, sondern *wir können gemeinsam daran arbeiten.*

4 Der Paradigmenwechsel hin zur Lösungsorientierung

Woran orientiert sich mein Handeln als systemisch denkender Schulleiter? Einfach formuliert: an einer »inneren Haltung, aus der heraus Prozesse angeleitet und begleitet werden« (Hubrig u. Herrmann 2012, S. 108 ff.).

Es mag banal klingen, entspricht aber einem Paradigmenwechsel. Meine Haltung geht weg vom Defizitblick, hin zum Ressourcenblick. Weg von der Problem- und hin zur Lösungsbeschreibung.

Das klingt banal? Schule ist immer noch vorrangig eine Organisation, in der es im Wesentlichen um das Aufspüren von Defiziten geht. Und die Schulleitung ist an allem schuld und für alles verantwortlich.

Eine systemische Schulleitung lässt sich in dieses Szenario nicht einladen.

4.1 Innere Haltung

Der Zauber liegt darin, dass ich als systemisch denkender Schulleiter um die *Selbstregulation von Systemen* weiß. Die Bedingungen im Kontext Schule wandeln sich unablässig. Ständig gibt es neue Aufgaben – und alte – zu lösen. Meine Haltung ist daher von vornherein auf eine Lösung konzentriert.

Was meint *lösungsorientiert* an dieser Stelle? Die Kollegin, der Vater eines Schülers oder die Schulverwaltung kommt mit einem verschlungenen, vielschichtigen Problem auf mich zu. »Die Klasse 8b ist nicht beschulbar!« Darin stecken unendlich viele Teilprobleme: diverse auffallende Schüler, über einen längeren Zeitraum Vertretungsunterricht in Englisch durch krankheitsbedingten Ausfall der Fachlehrerin, eine dominante Mädchenclique inklusive Mobbing-Problematik, eine rigide Mathelehrerin. Manchmal häufen sich die Unglücke, bevor sie offen zutage treten.

Ich habe ein Ziel, an dem ich mich orientiere: Ich vertraue darauf, dass es möglich ist, die Klasse 8b zu unterrichten. Die Konzentration auf nur einen Aspekt des Problems setzt einen Prozess in Gang. Ich kann den Prozess anregen, aber ich kann (und muss) ihn nicht kontrollieren. Ich kann fragen, ermöglichen, einleiten, begleiten.

Meine Haltung ist ressourcenorientiert.

Oft ist die Lösungsressource für ein Problem bereits in meiner Organisation vorhanden. Sie kann selbstverständlich auch dazugelernt oder von außen erworben werden.

Für die 8b: Im Lehrerteam der Klasse findet sich ein Internet-Fachmann. Er kennt sich aus mit den sozialen Netzwerken, in denen die Schüler sich bewegen. Unter seiner Anleitung kann die Mobbing-Problematik bei Schülern, Eltern und Fachlehrern thematisiert werden – eine weitreichende Veränderung bahnt sich an.

Durch die Vermittlung eines *Attraktors* (»Wir werden Experten zum Thema Mobbing!«) ist ein Selbstorganisationsprozess angeregt worden. Das Problem hat sich *verflüssigt*.

Bedingungen sind in der Regel gegeben. *Reframing* bedeutet, einen anderen Rahmen um diese gegebenen Bedingungen zu setzen. Ich kann mich über den Kollegen immer wieder ärgern, der mich in schöner Regelmäßigkeit auf kleine und große Versäumnisse hinweist. Das ist mir peinlich, das zeigt meine Defizite, wo ich doch eigentlich unangreifbar sein möchte. Der will mir doch bestimmt was!

Ich schaffe mir um die bestehenden Verhältnisse einen neuen Rahmen. *Dabei wechsle ich automatisch die Perspektive:* Bei all seinem »Gemecker« ist der Kollege hilfreich, er bewahrt mich vor Fehlern, er sorgt dafür, dass meine Versäumnisse nicht zum Schaden für das System werden.

Indem ich sein »Nachkarten« *utilisiere*, verändere ich gleichzeitig unser Verhältnis zueinander. Aus einer angespannten Beziehung wird ein freundlicher, wertschätzender Umgang miteinander.

Durch den neuen Rahmen wird aus dem »Streithammel« ein »Mitstreiter«

4.2 Inseln der Selbstreflexion

»Wenn es in diesem Raum einem anderen besser geht als mir selbst, dann mache ich etwas verkehrt.«

Dieser Satz hat aus gutem Grund einen zentralen Platz auf unserem Spickzettel für systemische Schulleiter. Wir empfehlen, die Essenz seiner Aussage bei allen Aufgaben der Schulleitung im Blick zu behalten.

Wir meinen das wörtlich: Dieser Spruch – oder ein ähnlicher, persönlich als aufbauend empfundener – sollte an der eigenen Pinnwand hängen oder sich zu einem schönen Foto gesellen. »Selbst-Management« heißt die in vielen Ratgebern für modernes Management geforderte

Fähigkeit. Gerade Führungspersönlichkeiten vernachlässigen aber oft ihr eigenes Wohlbefinden.

Die Systemische Theorie verweist deshalb darauf, dass ein wesentlicher Teil meiner Arbeit in der Leitung darin besteht, auf mich selbst zu achten. Diese Aufforderung folgt aus der systemischen Grunderkenntnis, dass selbstverständlich auch ich als Führungskraft Teil des Systems bin.

Mein Handeln prägt die Atmosphäre des gesamten Systems. Wenn ich derjenige bin, dem es im zu leitenden »Raum« am schlechtesten geht, werde ich keine Impulse für positive Entwicklungen setzen können.

Deshalb gehört es zum systemischen Verständnis von Leitung, dass ich mir in meinem Alltag »Inseln der Selbstreflexion« schaffe. Es ist unabdingbar, dass ich als Führungskraft meine Entscheidungen und mein Handeln immer wieder aus der Distanz betrachte.

Wenn ich in einer kollegialen Schulleitung arbeite, kann ich dort vielleicht mit allen, vielleicht nur mit einem einzigen Vertrauten »Meta-Gespräche« in terminlich festgelegten Abständen führen. Ich kann mit Leitern anderer Schulen einen Austausch vereinbaren, der »kollegiale Fallberatung« beinhaltet. Ich sollte, gerade wenn ich neu im Amt bin, aktiv nach Möglichkeiten der Supervision suchen. Das kann in Einzelgesprächen oder in einer Gruppe geschehen.

Für Leitende ist es wichtig, darauf zu achten, wie sie über ihre eigene Schule sprechen: Ist die gesamte Institution im eigenen Empfinden zum feindlichen Land geworden, in dem alle Tätigen sich nur darauf eingeschworen haben, die guten Absichten des Leiters schon im Keim zu ersticken, ist etwas verkehrt: *Wenn es in dieser Schule …*

4.3 Rollenklarheit

Mit besonderem Nachdruck möchten wir deutlich machen:

»Rollenklarheit ist des Schulleiters erste Pflicht!«

Die Klarheit in der Gestaltung der Schulleiter-Rolle bildet unseres Erachtens das Zentrum jeglichen Leitungshandelns. Bildlich gesprochen steht das Hinweisschild »Klarheit« mitten auf der Kreuzung eines Wegenetzes, an dem ich als Leitender immer wieder vorbeikomme.

In der systemischen Theorie erschließt sich die Forderung nach Rollenklarheit unmittelbar. Aus der systemischen Familientherapie ist bekannt, dass sehr viele Konflikte darauf beruhen, dass innerhalb der Kernfamilie die Generationsgrenzen nicht gewahrt werden. Ein Beispiel: Der älteste Sohn übernimmt anstelle des entscheidungsunfähigen Vaters die volle Verantwortung und beansprucht als Folge davon die Führungsrolle in der Familie. Eine solche Missachtung der Generationengrenzen führt dazu, dass die einzelnen Mitglieder keinen sicheren Platz im Familiengefüge finden können und so permanent um Macht, Anerkennung und Aktionsradius kämpfen.

Wenn ich als Leiter einer Schule die aus der Familiendynamik bekannte »Verstrickung« in meiner Institution vermeiden will, sorge ich für eine *klare Abgrenzung der Leitungsebene von der Ebene der anderen Mitglieder der Schulgemeinde:* Ich agiere auf der Leitungsebene und mische mich nicht in die Belange der anderen Mitglieder der Schulgemeinde ein.

Die anderen Mitglieder der Schulgemeinde regeln ihre Belange und mischen sich nicht in die Leitungsaufgabe ein.

So weit, so gut.

Das eben formulierte Grundprinzip der klaren Trennung in den Ebenen des Systems ist in der Theorie schlüssig, aber *im Alltag nicht leicht wirklich konsequent zu praktizieren.* Auch am Rande des Weges eines systemisch orientierten Schulleiters lauern einige Gefahren, die von der Klarheit ablenken: Kollegen (vielleicht besonders nette oder gar die engsten Vertrauten aus der Zeit vor dem Amtsantritt), die eben mal schnell in durchaus guter Absicht einen umfassenden Schulentwicklungsprozess initiieren wollen; Elternbeschwerden, die, an die Presse lanciert, den Ruf der Schule schädigen können; stark verhaltensauffällige Schüler, die ein umfassendes Eingreifen der Schulleitung erfordern.

Sehr schnell erscheinen Teilinteressen und an sich begrenzte Probleme im Handlungsdruck des Alltags als solche, für die ausschließlich die Leitung zuständig ist.

Das zu Kapitelbeginn angesprochene Bild der sich kreuzenden Wege macht mir immer wieder klar, *dass ich Rollenklarheit nicht habe, sondern immer wieder neu herstellen muss.*

Bereits das Wissen darum, dass aufgelöste Grenzen in Organisationen zu vermehrten Konflikten führen, aktiviert bei allen Anträgen, die an mich gestellt werden, *meinen inneren Filter für die zuständigen Systemebenen.*

Das *Gebot der Neutralität* sollte ein sehr enger Wegbegleiter des systemisch orientierten Schulleiters sein. Nur wenn ich zu allen Teilgruppen der Schulgemeinde prinzipiell die gleiche Nähe und Distanz halte, schaffe ich mir die Autorität, die ich für die Wahrung des Gesamtinteresses der von mir geleiteten Institution brauche.

Dabei muss ich mir darüber bewusst sein, dass gerade die so wichtige Klarheit in der Ausübung meines Amtes mit der *in der Position des Leiters gegebenen Einsamkeit* verbunden ist. Wenn ich auf der Leitungsebene agiere, handle ich dort alleine in meiner spezifischen Verantwortung und kann nicht situativ ausscheren.

Der mit meiner Funktion gesetzten Einsamkeit kann ich nur dadurch professionell begegnen, dass ich mir präventiv eine geistige und emotionale Heimat schaffe, die meiner Rolle angemessen ist (erweiterte Schulleitung, Austausch mit anderen Schulleitern, Supervision).

4.4 Pacing und Leading

In unserer Rolle als Schulleiter sind wir in einem großen Umfang auch Beratende.

Auch hier ist unsere Haltung *lösungsorientiert.*

Dazu ist es unabdingbar, in eine respektvolle Beziehung zu unserem Interaktionspartner, dem Klienten, zu kommen. Es fällt manchmal schwer, den Anderen in seinem Anderssein zu respektieren, zumal wir als Lehrende ja eigentlich aufgefordert und gewöhnt sind, unsere Wertmaßstäbe weiterzugeben. Wir dürfen unsere Werte auch behalten; was wir nicht dürfen, ist, den Anderen abwerten. Er hat aus anderen Lebenserfahrungen, in einem anderen Kontext seine innere Landkarte konstruiert. Und zu einer Lösung, zu unserem Ziel, kommen wir nur dann, wenn wir auf Augenhöhe kommunizieren.

Den Beziehungsaufbau, der nötig ist, um sich mit dem Klienten aus einem »Problemraum« in einen »Lösungsraum« zu bewegen, nennt man nach Milton Erickson *Pacing*. Gemeint ist, dass man sich mit allen seinen Sinnen, mit Gefühl, Fantasie und Sprache auf den Klienten einlässt. Ich wertschätze seine Wut, seine Traurigkeit, sein Unverständnis, ich spiegele die Sprache so, wie sie bei mir ankommt, ich mache mir »innere Bilder« zu dem von ihm Vorgebrachten. Ich begegne ihm in seinem Wertesystem, ohne mich dabei in meinem eigenen zu verleugnen.

Akzeptanz (des Anderen) und *Kongruenz* (mit sich

selbst) sind zwei unverzichtbare Grundhaltungen des Beratenden (Carl Rogers).

Ohne Akzeptanz, ohne Vertrauen ist ein Beratungsgespräch nicht möglich. Nicht irgendeine Sache wird thematisiert, es ist der Klient selbst, der sich in seiner Lebenswirklichkeit offenbart.

Soviel wir auch im Einzelfall beraten mögen (Kollegen, Schüler, Eltern), dürfen wir nicht vergessen, dass unsere eigentliche Aufgabe darin besteht, zu leiten. Ein gelungenes *Pacing* ist der unverzichtbare Boden für gelingendes *Leading:* Wir initiieren, ermöglichen, regen Lösungen an, laden ein und begleiten.

Ein Problem kann nur dann gelöst werden, wenn klar ist – und akzeptiert wird – wer eigentlich das Problem hat.

Wie an anderer Stelle schon genannt, suchen wir gerne nach einfachen, schnellen Lösungen. Das Problem wird gelöst nach dem Muster »mehr desselben« (Beispiel: Patric stört, Patric wird des Unterrichts verwiesen). Man spricht in der Systemik von *Lösungen 1. Ordnung.*

Wenn wir systemisch handeln wollen, suchen wir nach *Lösungen 2. Ordnung.* Sie verlangen eine Musterveränderung. Wenn es mir gelingt, durch meine Intervention die innere Landkarte des Problemträgers zu perturbieren, zu verstören, dann macht er sich auf die Suche nach einer Lösung, nach *seiner* Lösung.

Die Intervention kann darin bestehen, dass ich mein Unterstützungssystem aufgebe. In der Suchtbehandlung geht man davon aus, dass der Süchtige erst ganz allein gelassen werden muss, ehe er die Notwendigkeit eines Entzuges akzeptiert.

Die Intervention kann auch darin bestehen, dass ich Veränderungsideen wie unbeabsichtigt »fallen lasse«. *Seeding* bedeutet: Ich säe eine mögliche Veränderung. Auf das Keimen und Wachsen habe ich keinen Einfluss, aber *nur Lösungen 2. Ordnung führen zu einer wirklichen Veränderung.*

5 Knotenpunkte im Arbeitsfeld systemischer Schulleitung

Wir haben zu Beginn von dem komplexen Beziehungsgeflecht, von dem weit gefächerten Aufgabenspektrum für Schulleitungen gesprochen, in dem man sich, wie in einem Labyrinth, leicht verlieren kann (siehe: Kap. 1, bes. die Abb. 1). Wir möchten nun der Frage nachgehen, wie man es vermeiden kann, sich in diesem Labyrinth zu verstricken, in der Flut der Aufgaben und Anforderungen unterzugehen.

Nehme ich eine systemische Haltung ein, wird aus dem Labyrinth ein Netz. Da gibt es Knotenpunkte, da laufen Fäden zusammen, da gewinne ich einen tragfähigen Grund.

Wir haben aus dem gesamten Arbeitsfeld der Schulleitung einige Knotenpunkte ausgewählt und beschrieben. (Als Irrlicht geistert hier – wie im richtigen Leben – Herr P. durch den Schulalltag.) Diese kurzen Einblicke sind nicht im Sinne von »Wir plaudern aus der Schule …« zu verstehen, vielmehr möchten wir versuchen, Ansatzpunkte für Lösungen aufzuzeigen. Alle Episoden weisen über sich hinaus. Sie sind keine Rezepte, sondern beschreiben – aus unserer Erfahrung heraus – mögliche Wege zu Lösungen.

Wir vermuten – und wünschen uns –, dass sich beim Lesen unserer Knotenpunkte in den inneren Bildern des Lesers etwas bewegt, entfaltet. Etwas, das im Idealfall zu *seiner* Lösung führen kann.

Die Stichpunkte unter den einzelnen Knotenpunkten verweisen auf den Bezug zum systemischen Kontext.

5.1 »Ich habe es geschafft!«

Ich habe es geschafft! Ich bin Abteilungsleiterin. Die Zeit der Überlegung, ob ich mir dieses Amt zutraue, ist vorbei. Ich habe mich entschieden, eine Schule mitzuleiten, ich habe den Tag der Revision überstanden, ja, sogar besonders erfolgreich bewältigt.

Das neue Schuljahr – mein erstes Schuljahr in Leitungsfunktion – steht bevor.

Ich fühle mich gut gerüstet: In den fünfzehn Jahren meiner bisherigen Tätigkeit als Lehrerin habe ich ein breites Spektrum von Unterrichtsmethoden erworben. Inzwischen kann ich selbst die Arbeit in schwierigen Lerngruppen so gestalten, dass die Schüler sich hauptsächlich dem Prozess des Lernens zuwenden. Immer wenn an unserer Schule etwas Besonderes geplant und durchgeführt wurde, war ich dabei. Ich habe zahlreiche Projektwochen, Schulfeste und Klassenfahrten organisiert. Besonders wichtig: Ich bin die Kollegin, die häufig um Rat gefragt wird. Meine Vorschläge zur Unterrichtsgestaltung sind allgemein geschätzt. Kurzum: Ich bin eine besonders beliebte Kollegin.

Und so viele Pläne habe ich für das kommende Schuljahr: Die Interessen der Schüler müssen deutlicher in den Mittelpunkt gestellt werden! Es gibt zu viel Frontalunterricht bei uns an der Schule. Da wäre es doch gut, wenn die Kollegen gegenseitig im Unterricht hospitierten.

Die Unterrichtsinhalte der einzelnen Fächer sind nicht genug aufeinander abgestimmt. Ich möchte mit allen ein Jahrescurriculum entwickeln.

Das Schulhaus muss dringend gestaltet werden. Es gibt so viele gelungene künstlerische Werke von Schülern – und so wenig hängt an den Wänden!

Mein Büro habe ich in den Ferien so eingerichtet, dass ich darin gerne arbeiten mag. Ich habe alle organisatorischen Vorbereitungen, die ich ja jetzt zu verantworten habe, getroffen: Noch weitgehend leere, aber mit beschrifteten Rücken versehene Aktenordner stehen im Regal, Sammelmappen in verschiedenen Farben liegen bereit. Es kann losgehen!

Jetzt will ich noch schnell ins Lehrerzimmer gehen.

Ich muss Anke, die für die morgige Einschulung der Fünftklässler die Verantwortung übernommen hat, noch die aktuellen Klassenlisten überreichen. Mit Bernd will ich einen Termin vereinbaren, an dem wir die Klassenarbeitstermine für den 6. Jahrgang absprechen. Außerdem möchte ich Lisa und Astrid noch Kopien von dem tollen Märchen geben, das ich bei der Sichtung meiner Unterlagen wiedergefunden habe und das wir unbedingt im Unterricht behandeln müssen.

Ich gehe aus meinem Büro in das danebengelegene Lehrerzimmer. Ich sehe das vertraute Bild meiner Kollegen beim Verbringen der Pause: Eine kleine Gruppe sitzt beisammen und betrachtet mit sichtlichem Vergnügen mitgebrachte Fotos. Ein Kollege hat gerade Kaffee zubereitet und schenkt anderen ein. Der Arbeitsplatz am Computer ist besetzt. Listen werden kontrolliert und abgehakt. Man unterhält sich zu zweit, zu dritt, zu viert.

Ich betrete den Raum.

Alle Gespräche verstummen.

Ich könnte einen Groschen fallen hören.

Eine Stille, auf die ich nicht vorbereitet bin, umgibt mich weiträumig.

Das ist sehr deutlich noch einmal eine Erinnerung daran, dass meine Rolle nun eine andere ist.

Systemischer Kontext
- Perturbation der inneren Landkarte
- Rollenklarheit

5.2 Meine graue Eminenz

Liebe Greta,

ich habe dir schon so lange nicht geschrieben, aber mein neues Amt hält mich doch ganz schön auf Trab.

Im Großen und Ganzen bin ich mit meiner Entscheidung, in die Schulleitung zu gehen, zufrieden. Es gibt sogar Augenblicke, in denen ich richtig stolz auf das bisher Erreichte bin. Der letzte »Tag der offenen Tür« war ein Meilenstein in unserer Schulentwicklung, und dazu habe ich erheblich beigetragen.

Alles könnte so schön sein, wenn nur Rüdiger nicht

wäre! Ich glaube, es hat in meiner langjährigen Laufbahn noch keinen Kollegen gegeben, der mir so sehr den letzten Nerv raubt wie Rüdiger.

Dabei ist RüRi (so nenne ich ihn insgeheim, weil er immer in allem »herumrühren« muss) ein wirklich fähiger Lehrer. Die Schüler haben sehr gerne bei ihm Unterricht, und, ehrlich gesagt, sie lernen sehr viel bei ihm. In Deutsch sowieso – außerdem ist er noch ein Matador des Sportunterrichts; selbst Jungen mit besonderem »Verhaltensprofil«, wenn du verstehst, was ich meine, erkennen ihn unumwunden als Chef an.

Rüdiger bewegt sich mit seinen langen, staksigen Beinen sehr schnell durch die Schule, er ist überall präsent und hat schon aufgrund seiner körperlichen Länge immer alles im Blick. Sein Organisationstalent ist legendär – wahrscheinlich hat er es als Trainer und Manager von Fußballvereinen erworben. Ich bin mir sicher, seine Spielpläne waren immer schon Jahre vor Spielbeginn perfekt ausgearbeitet.

Weißt du, Greta, wenn Rüdiger mich direkt ansprechen würde: »In drei Wochen ist Elternsprechtag, bitte denk daran, dass die Informationsbroschüren zum

Wahlpflicht-Unterricht spätestens eine Woche vorher gedruckt sein müssen.« Ich würde eine solche Erinnerung als freundliche und hilfreiche Geste verstehen.

So ist RüRi aber nicht.

Mich regt schon auf, mit welch salbungsvollem Blick er durch die Schule läuft. Wenn wir uns begegnen, kann ich mir sicher sein, dass er von oben herab (was bei ihm ja wörtlich zu nehmen ist) einen seiner indirekten Hinweise gibt, die mich ganz beiläufig darauf verweisen, dass ich meine Pflicht nicht sorgfältig genug wahrnehme.

Er sagt dann etwa: »Ich denke jetzt schon darüber nach, wie ich Carlas Mutter am Elternsprechtag am besten berate. Carla ist doch so sprachbegabt, die Mutter traut ihr aber Französisch als zweite Fremdsprache nicht zu. Ich würde gerne die Elternbroschüre vorher noch einmal lesen – du hast doch sicher den Druckauftrag schon erteilt?!«

Sofort ärgere ich mich, denn natürlich habe ich es noch nicht geschafft, das korrigierte Skript in Druck zu geben. Trotzdem antworte ich ihm so, als hätte ich diese Aufgabe bereits erledigt. Ich ärgere mich doppelt: Warum sage ich so etwas, was nicht der Wahrheit entspricht? Ich ärgere mich, weil das rechtzeitige Einleiten der terminlichen

Abfolge natürlich wichtig ist.

Wut steigt in mir auf, weil ich das Gefühl habe, Rüdiger durchschaut das ganze Konstrukt: Er geht mit einem Sieg vom Platz, und ich stehe da wie ein begossener Pudel!

Greta, du weißt, dass ich sehr organisiert und strukturiert arbeite. Aber bei der Vielzahl von Anforderungen, die mir täglich begegnen, kann es schon mal sein, dass ich eine übersehe oder nicht perfekt erledige. Ich kann aber sicher sein, dass Spürnase RüRi mich auf frischer Tat ertappt.

Hier fällt mir als weiteres Beispiel seine süffisante Anmerkung zu einem Rechtschreibfehler ein, in einer von mir verfassten Einladung: »Nach der neuen Rechtschreibung schreibt man ›dass‹ doch mit zwei ›s‹? – Ich meine ja nur, dass es nicht gut ist, wenn ein fehlerhaftes Schriftstück das Haus verlässt.«

Natürlich hat er recht. Aber kann er nicht einfach sagen, dass da noch ein Fehler drin ist?

Oder auch seine scheinheilige Nachfrage: »Es ist doch so, dass wir aus dienstrechtlichen Gründen auf keinen Fall einem Schüler unseren Generalschlüssel aushändigen dürfen?!« Ich hatte wenige Tage zuvor zwei Schülerinnen mit meinem Schlüssel in die Bibliothek geschickt, einige Bücher zurückzutragen, die wir im Unterricht benutzt hatten.

Greta, das darf doch alles nicht wahr sein!

Wenn ich die bisher von mir verfassten Zeilen noch einmal überfliege, erkenne ich jetzt, wie viel Raum ich Rüdiger in meiner Gedankenwelt gebe.

Ich weiß schon, du würdest sagen: »Du lädst Rüdiger ja geradezu zu all diesen Spielchen ein. Hast du schon einmal überlegt, was Rüdiger eigentlich fehlt?«

Tja, was fehlt Rüdiger? Rüdiger ist nicht wirklich mutig. Schließlich hätte er sich auch auf das Amt der Abteilungsleitung bewerben können – hat er aber nicht.

Weil er … ja, weil er letzten Endes immer jemanden benötigt, der seinem Handeln einen Rahmen gibt. Wie beim Fußball: Rüdiger ist kein Stürmer, er ist Verteidiger! Er kann aus der kontrollierten Defensive heraus gute Vorlagen für Tore geben. Stünde er alleine vor dem Tor, fände er nicht den richtigen Moment zum Abschluss.

So betrachtet fehlt Rüdiger nur, dass sein Verzicht gewürdigt wird. Dass er als Spezialist für gute Vorarbeit anerkannt wird.

Ich werde ihn gleich morgen zu einem Gespräch bitten und ihn einladen, mein Mitarbeiter zu werden. Er wird sicher gerne die Bereiche selbst bestimmen, in denen er mich unterstützen kann.

Systemischer Kontext
- Perspektivwechsel
- Utilisieren
- Reframing
- Ressourcenorientierung

5.3 Blumen ins Körbchen

Es gibt sie, diese Tage. Man kann sie nicht zurückweisen und nicht umtauschen.

Unterricht in der 8c.

Immer eine Herausforderung, aber heute eine kaum zu lösende. Ich komme ziemlich geschafft, mit mir unzufrieden und genervt nach der Doppelstunde aus der Klasse.

Erst mal Luft holen.

Nein! Auf dem Flur zwei Mädchen, die sich in wüster Weise beschimpfen. Sie sehen mich kommen. Also muss ich eingreifen. Der Konflikt lässt sich herunterkochen, ich schicke sie zurück in ihre Lerngruppe.

Jetzt erst mal einen Kaffee. Ich habe ihn gerade eingeschenkt – da klingelt das Telefon.

Die Bezirksregierung. Es gibt eine Beschwerde seitens der Eltern von Denise. Wir haben die Vorlage ärztlicher Atteste verlangt, wenn sie krank ist. Ob das denn angemessen sei. Ich schildere den Vorlauf, wie Denise ständig den Unterricht versäumt, ihre Freizeit aber ausführlich wahrnimmt, und was wir schon alles an Gesprächen und Maßnahmen hatten.

Dann schicken Sie mir das doch bitte schriftlich, die Fehlzeiten des letzten Jahres, die Gesprächsprotokolle, die Beschlüsse durch wen, mit wem, wann und wie!

Wütend denke ich »Bis vorgestern!«. Mein Kaffee ist inzwischen kalt. In der Mittagspause werde ich die Kollegen bitten, die Unterlagen zusammenzustellen; ich sehe ihre begeisterten Gesichter schon vor mir.

Neuen Kaffee kochen, das Gespräch mit dem Kollegen Alex steht in zehn Minuten an, es wird kontrovers verlaufen. Alle unsere Gespräche verlaufen kontrovers. Ich übe an diesen Gesprächen auszuhalten, nicht wertgeschätzt zu werden. Das ist anstrengend. Heute erzielen wir einen Minimalkonsens. Mein Kaffee wird wieder kalt.

Die Broschüre für den Wahlpflichtunterricht muss ich heute für den Druck vorbereiten; Inhalte und Abläufe müssen aktualisiert werden. Damit sollte ich jetzt beginnen. Doch Stopp! Bis Mittag soll ich nicht an den Computer, der Administrator will Daten bereinigen. Es klopft sowieso schon wieder …

Und so geht das weiter bis in den Abend.

Es ist einer von diesen Tagen, an denen alles, was man tut, unbefriedigend verläuft. An denen alles, was getan werden müsste, zu keinem Ende kommt, dafür aber neue Aufträge lauern.

Höchste Zeit für »Blumen ins Körbchen«.

Ja, ich finde auch, dass das ein bisschen niedlich klingt. Vor mir taucht das Bild der ältlichen Dame bei Rosamunde Pilcher auf: very british gekleidet, ebenso frisiert, über dem linken Unterarm den Korb, in der rechten Hand die Schere, wie sie durch ihren Garten wandert und Rosen schneidet.

»Blumen ins Körbchen« – das bedeutet für mich, ich gehe in meinen Blumenladen und schenke mir den schönsten Strauß. Oder ich kaufe einen Strauß und schenke ihn jemand anders. Oder ich rufe Ulli an und erzähle ihr, was für einen Scheißtag ich hatte, und dann schenkt sie mir einen Strauß.

Wobei dieser Strauß so vielfältig sein kann wie die Blumen, die ich mag. Er kann für verschiedene Dinge stehen:

Ich gehe mit einer Freundin ins Kino.

Wir gehen ins Theater, zu einer Ausstellung, zu einem Vortrag. (Das klappt nicht immer zeitnah, aber der Entschluss, die Planung, die Vorfreude ist eine ganz besonders schöne Blume.)

Wir führen ein gutes Gespräch, hören einander zu, vergewissern uns unserer Sichtweisen, unserer Unterschiede, unserer Wertschätzung. Lachen zusammen.

Ich lege eine ausführliche Unkraut- und Pflanzschicht im Garten ein.

Ich lese das Buch, zu dem ich so lange keine Zeit hatte, dazu ein dunkelroter Wein.

Ich mache einen ausgiebigen Spaziergang, in schnellem Tempo, da kommt die Schule nicht hinterher.

Ich habe noch viele Blumen für meinen Korb. Ich habe einmal aufgeschrieben, was ich mag und was ich kann. Was mich zu mir selbst bringt. Das ergänzt sich mit der Zeit.

So kann ich jederzeit Blumen auswählen, um sie in mein Körbchen zu legen – ich muss es nur tun. Es ist nicht niedlich.

Systemischer Kontext:
- Aussteigen aus der Problemtrance
- Einen Kreis um sich ziehen

5.4 Im Auge des Taifuns

Ich war im Kabarett. Die Akteure waren Lehrer. Das Thema war Schule.

Der Schulleiter trat auf; er begann mit dem genialen Satz: »Unser Kevin heißt Patrick …«

Ja, sagte es in mir, unser Kevin heißt auch Patrick. Manchmal heißt er auch Dennis oder Burak oder Denise, aber aktuell heißt er Patrick.

Patrick schafft alle Kolleginnen und Kollegen. Er ist in der 7c. Seine Klasse möchte ihn gerne loswerden, bewundert ihn aber gleichzeitig und zollt ihm jederzeit den gebührenden Beifall.

Patrick ist nicht bösartig, aber wo *er* ist, ist kein Platz für einen anderen Darsteller, kein Platz für ein anderes als *sein* Thema.

Seine Grundschullehrerin übergab ihn mit der Beschilderung »Klassenclown« und ergänzte mit Adjektiven wie »unkonzentriert«, »unorganisiert« und »hyperaktiv«.

Seitdem haben seine Klassenlehrerinnen (wir haben in den unteren Jahrgängen ein System doppelter Klassenlehrer) ihr ganzes Repertoire an Patrick ausprobiert: freundliche Gespräche, ernste Gespräche, Spiegelung durch die Klasse, Helfersysteme, Elterngespräche (nur Mutter, Vater und Mutter), Sonderaufgaben, regelmäßige Termine mit dem Sozialarbeiter, mit dem Beratungslehrer, schließlich eine Klassenkonferenz: schriftlicher Verweis, eine zweite Ordnungskonferenz: Ausschluss vom Unterricht für einen Tag, hier vom Wandertag.

Patrick zeigt sich stets einsichtig. Und perfektioniert anschließend sein Störverhalten.

Jetzt muss die Schulleitung ran!

Ich kenne Patrick natürlich. Ich kenne den Fall Patrick. Ich habe die Kollegen in ihren Bemühungen begleitet, ich habe an Gesprächen teilgenommen, Strafen ausgesprochen und in seinen Unterrichtsstunden hospitiert. Er hat einen gewissen Charme, und ich bin froh, ihn nicht unterrichten zu müssen.

Jetzt muss ich ran.

Ich sitze in meinem Büro. Das Haus ist schon leer, die Putzfrauen trinken Kaffee, es ist still.

Mir kommt ein Bild vor Augen: Patrick im Auge eines Taifuns. Alles um ihn dreht sich, bewegt sich, ist in Aufruhr – er selbst hat es still und gemütlich, ihn bewegt nichts.

Die einzige Lösung wäre doch, dass *er* sich bewegt.

Dies ist die Geburtsstunde unserer »Gandhi-Methode«.

Eine Gesprächsrunde mit dem Beratungslehrer und den Klassenlehrerinnen folgt am kommenden Tag, dann beginnen wir unseren gewaltlosen Widerstand. Patrick wird von der Klassenlehrerin in der Hofpause in mein Büro begleitet, ich fordere ihn auf, Platz zu nehmen, auch die Klassenlehrerin setzt sich.

Teil 1: Scheinbare Kooperationsbereitschaft

Patrick glaubt, die Situation zu kennen, er zeigt sich sofort in gewohnter Weise kooperativ: »Ja, war nicht so gut, dass ich die Sachen von Sandra durch die Klasse geschmissen habe.« Wir sehen ihn an, reagieren aber nicht. Patrick bietet an: »Ich kann ihr ja morgen Kaugummi mitbringen ...« Wir reagieren nicht. » ... und mich bei ihr entschuldigen?« Weiter Stille. Patrick wird unruhig. »Hab ich noch was gemacht?« Anhaltende Stille. »Aber heute war ich gar nicht so schlimm.« Stille. »Es tut mir leid, ich pass jetzt wirklich besser auf. Echt!« Die Klingel rettet ihn.

Teil 2: Aggressive Abwehr

Am nächsten Tag wird Patrick von beiden Klassenlehrerinnen gebracht. Ich habe den Beratungslehrer dazugebeten. Patrick sitzt nun in einer Runde mit vier Erwachsenen. Er geht gleich in die Offensive:

»Ihr dürft mich gar nicht in der Pause hierbehalten.« Niemand reagiert. »Dann gehe ich jetzt eben.« Niemand reagiert. Patrick bleibt. Wir sehen ihn von Zeit zu Zeit aufmerksam an, lassen aber auch los.

»Und ... was soll das jetzt ...?«

Wir beobachten schweigend den Prozess, der da in ihm abläuft. Er zappelt auf seinem Stuhl herum, seine Augen suchen nach einem Ausweg.

»Ich mach alles, was ihr wollt!«

Ob er langsam versteht, dass nicht *wir* wollen, sondern dass *er* wollen muss?

Teil 3: Innere Wende

Unsere nächste Zusammenkunft verläuft in beiderseitigem Schweigen. Ich habe noch zwei Fachlehrer dazugebeten, es ist eng. Patrick sitzt in sich gekehrt. Man kann sehen, dass es in ihm arbeitet. Er ist sprachlos.

Auch wir Erwachsenen können die Situation nur schwer aushalten. Aushalten, dass die Lösung von dem kommen muss, der das Problem hat. Die Klingel hat manchmal etwas Befreiendes, sogar am Ende einer Pause.

Am nächsten Tag setzen wir unseren »Pausentreff« aus.

Patricks Unterrichtsverhalten wird im Lehrerzimmer als zurückhaltend beschrieben, er hat sich auch gemeldet.

Spannung in den nächsten Tagen – es hält an.

Patrick und ich begegnen uns von Zeit zu Zeit auf dem Flur.

Er grinst freundlich, wenn ich ihn frage, ob er mich in der Pause mal wieder besuchen möchte.

> *Systemischer Kontext:*
> - Lösungsorientierung
> - Nicht: Mehr desselben, sondern:
>   Etwas ganz anderes
> - Wer das Problem hat, hat die Lösung

5.5 Herr P. - zum Ersten

Herr P. steht vor meiner Tür, als ich in den Unterricht gehen will. Sein Kopf ist hochrot, seine Stimme überschlägt sich.

Meine Schüler haben wieder Zigarettenkippen in seinen Vorgarten geschnippt, immer rauchen sie an seinem Zaun! Aber diesmal hat er sie fotografiert. Er hält mir das Display seines Handys hin. Ich erkenne zwei der üblichen Verdächtigen.

Ich werde mich darum kümmern, sage ich ihm zu, gleich nach meiner Unterrichtsstunde werden die beiden in mein Büro kommen. Nein, das dürfen sie nicht, immer wieder Ihren Vorgarten verunstalten! Ja, das muss ihnen deutlich gesagt werden. Selbstverständlich kümmere ich mich sofort darum.

(Ich verkneife mir die ironische Anmerkung, dass die beiden ihre Zigarette in Zukunft anderswo rauchen werden.)

Herr P. ist getröstet. Ich kann in meinen Unterricht gehen.

Systemischer Kontext

- Klagender, Besucher, Kunde (siehe 6.3)
- Auftragsklärung

5.6 »Aber die hören ja nicht!«

Susanne, unsere Schulsekretärin, ruft mich an: »Ich habe hier Herrn S., er ist sehr aufgebracht, weil seine Tochter Ordnungsdienst machen soll. Kann ich dir den mal rüberschicken?«

Fünf Minuten Zeit. Mein erster Gedanke: Na, dem werd ich was erzählen! Das Fräulein Tochter lässt gerne mal das Lolli–Papier fallen, und jetzt ist sie zu fein, sich zu bücken …?

Aber halt! Ich kenne Herrn S. Ich bin schon mal mit ihm aneinandergeraten. Bei einer Pflegschaftssitzung, die Klassenlehrer hatten mich zu ihrer Unterstützung dazugebeten. Ich war nicht hilfreich gewesen. Herr S. war besser in Sachen »Anmache« als ich.

So, nun aber zur Sache. Was will ich erreichen? Ziel meines Gespräches kann doch nur sein, dass Herr S. unserem Ordnungsdienstkonzept zustimmt und die Teilnahme seiner Tochter nicht weiter infrage stellt.

Da muss ich ihn schon als Fachmann für sein Kind ernst nehmen.

Es klopft. Ich begrüße ihn freundlich und zugewandt. (Den Wind aus den Segeln nehmen. Aber der Wind ist schon abgeflaut, auch der Vater hat den Weg über den Schulhof genutzt.)

»Sie haben sich geärgert. Möchten Sie mir davon erzählen? Dann können wir vielleicht gemeinsam eine Lösung finden.«

Da er nicht mehr so aufgebracht ist, kann ich bei meiner Einleitung schon meinen Rahmen senden: Er hat das Problem. Ich bin bereit, ihm zuzuhören. Ich bin an einer Lösung interessiert. Ich bin an einer gemeinsamen Lösung interessiert.

Herr S. erzählt nun von den wiederholten Auftritten seiner Tochter. Dass sie immer den Dreck von anderen wegräumen solle. Dass die anderen sich alle drücken würden. Dass sie immer Ärger mit den Lehrern bekäme, wenn sie mal was sagen würde. Und wozu es denn überhaupt Putzfrauen gebe.

In dieser globalen Form ist das Problem schlecht zu bearbeiten: immer, alle, immer, und überhaupt.

Ich frage ihn, ob er unseren Ordnungsdienst kennt, erkläre dann kurz.

Jede der insgesamt 39 Klassen hat nacheinander eine Woche Hofdienst. Nicht »immer«, etwa zweimal im Jahr.

Es werden Zangen, Eimer und Gummihandschuhe zur Verfügung gestellt. Ein Lehrer macht Aufsicht. Ich erzähle Herrn S. ein bisschen davon, wie das so abläuft. Immer in kleinen Gruppen haben sie ihren Hofbereich, und man kann schön beobachten, wie unterschiedlich sich die Jugendlichen von herumliegendem Müll angesprochen fühlen.

Manche sammeln gewissenhaft, andere können wunderbar daran vorbeigehen. Fechteinlagen mit den Zangen reichen von filmreif bis unfallträchtig. Aufgabe des Lehrers ist es vor allem, diejenigen, die sich drücken wollen, immer wieder zu motivieren.

Und dann gibt es einige Schülerinnen und Schüler, die den Lehrer dabei begleiten und eifrig darauf hinweisen, wer nicht arbeitet.

Herr S. entspannt sich zusehends. Offensichtlich ordnet er seine Tochter in das Bild ein, das ich ihm vor Augen stelle. Ich warte ab, lasse ihn seine innere Entscheidung treffen.

»Ich kenne das«, sagt er schließlich, »die hat zu Hause auch einen unmöglichen Ton. Ich sage immer, sei nicht so frech. Aber die hören ja nicht!«

Und dann, mit einem vorsichtigen Grinsen: »So leicht haben Sie als Lehrer es auch nicht immer …«

Wir verabschieden uns freundlich.

Systemischer Kontext:
- Pacing and Leading
- Das Problem verflüssigen
- Den Vater als Fachmann für sein Kind ernst nehmen
- Reframing

5.7 Herr P. - zum Zweiten

Herr P. steht vor meiner Tür, als ich aus der Mensa komme. Sein Kopf ist hochrot, seine Stimme überschlägt sich.

Er habe beobachtet, wie ein Junge und ein Mädchen sich in einer Ecke des Pausengeländes geküsst hätten. Andere Schüler hätten es sehen können. Ob wir denn in unserer Erziehung nicht auf angemessene Sitten hinarbeiten würden. In aller Öffentlichkeit … und während der Schulzeit … und die Jugend heute ….

Ich kann ihm nur zustimmen. Ja, die Sitten änderten sich heute, das könne man allenthalben beobachten. Ja, und selbstverständlich sei es Aufgabe von Erziehung, diese Veränderungen zu begleiten. Und ich danke ihm für das Interesse, das er für unsere Arbeit aufbringt.

Herr P. ist getröstet. Ich gehe an meine Arbeit.

Systemischer Kontext:
- Klagender, Besucher, Kunde (siehe 6.3)
- Problemtrance

5.8 »Wir sind hier nämlich die Chaoten«

Da sitzt er nun wieder einmal in meinem Büro und ist völlig zerstört.

Die Putzfrau hat ihn – zum wiederholten Male – zur Schnecke gemacht. Zugegeben, ihr Ton ist eigentlich nicht akzeptabel, aber er weiß auch – und ich weiß –, dass sie in der Sache recht hat.

Sein Klassenraum sieht aus wie ein Schlachtfeld: Zerknüllte Papiere, wohin man blickt. Kein Stuhl auf seinen vier Beinen. Apfelsinenschalen, Butterbrothälften, Apfelreste auf jeder Ebene des Raumes. Die Tafel verschmiert. Jacken und Taschen achtlos vergessen. Der Papierkorb umgeworfen. Und als Krönung: an Wand und Decke geworfene und dort zerplatzte Kakaotrinkpäckchen.

Viel schlimmer geht es nicht.

Eine 7. Klasse, 30 Schülerinnen und Schüler, bunt gemischt, wie das in einer Gesamtschule so ist. Es gibt die leistungsstarken Fleißigen, die leistungsstarken Faulen, die Darsteller, die Introvertierten, den Außenseiter, der die Lehrer und Mitschüler durch die konsequente Wahrnehmung seiner Rolle beeindruckt, sporadisch mit hervorragenden Leistungen überrascht, im Prinzip aber jede Leistung ablehnt. Es gibt die Schwachen, die viel Hilfe brauchen, es gibt die Unorganisierten, die Rahmung einfordern, es gibt die einseitigen Talente und die Allrounder.

Und es gibt die, die die Richtung angeben. In diesem konkreten Fall: »Wir sind die Chaotenklasse«. Welch erstrebenswerte Titulierung in der Pubertät!

Und der Klassenlehrer?

Seine Schülerinnen und Schüler mögen ihn. Er mag seine Schülerinnen und Schüler. Das ist schon mal ein Pfund.

Er hält zu ihnen, verteidigt sie gegen alle Welt, als da sind: Fachlehrer, Zensurenkonferenzen, Eltern, Schulleitung, Reinigungspersonal.

Er macht auch schon mal heimlich den nicht erledigten Ordnungsdienst nach dem Unterricht.

Aus der Sicht seiner Klasse ist er »in Ordnung«. Aus der Sicht des Umfeldes hat er zu wenig Autorität bei seinen Schülern.

Aus seiner Sicht: Er leidet unter der Situation, denn er versteht sowohl seine rebellierenden Jugendlichen als auch die verzweifelte Putzfrau. Natürlich geht das so nicht weiter.

Sein Hilferuf an mich: »Was kann ich denn noch tun? Ich habe doch schon so oft mit ihnen darüber gesprochen! Ich habe doch schon alles versucht!«

Wir steigen aus.

Die Klasse bekommt drei außerplanmäßige Projekttage.

»Du willst diese Chaoten auch noch belohnen?« – Ja, ich bin für zielorientiertes Arbeiten!

Der erste Tag findet in einer Einrichtung der örtlichen Jugendhilfe statt mit der Stadtjugendpflegerin als externer Moderatorin, mit dem Klassenlehrer und dem schuleigenen Sozialarbeiter. In Gruppen wird das Problem definiert. Haben die Jugendlichen überhaupt ein Problem? (Nur dann sind sie ja auch für die Lösung zuständig!)

Ja, sie haben eines.

Sie wissen sehr genau, wie vordergründig ihr Stolz auf

ihren Negativtitel ist, aber sie wissen noch nicht, wie sie da wieder rauskommen sollen. Am Ende des ersten Tages haben sie eine mögliche Lösung.

Sie haben ihre Ressourcen gesammelt: Wir halten zusammen, wir sind kreativ, wir haben Zeit eingeräumt bekommen, unser Klassenlehrer hält zu uns. Und er ist Künstler und unser Kunstlehrer.

Sie werden ihren Klassenraum so gestalten, dass die Qualität ihren alten Titel als Chaoten leicht toppen wird. Dann können sie auf die Chaoten locker verzichten.

Der zweite Tag ist bestimmt durch Entwerfen, Messen, Rechnen, Kalkulieren, die Verteilung von Aufgaben. (Wer bringt welches Werkzeug mit? Wer besorgt welches Material? …)

Am dritten Tag werden Spanplatten grundiert, Entwürfe aus dem Kunstunterricht gesichtet und ausgewählt. Die besten Entwürfe werden schließlich auf drei große Wandtafeln gemalt. Die Arbeit wird dadurch beflügelt und verkürzt, dass es gerade eine intensive Zusammenarbeit mit dem »Stadtmaler« (ein Schulprojekt) gegeben hat, zum Thema »Urbane Landschaften«. Die Jugendlichen können aus dem Vollen schöpfen, aus *ihrem* Vollen.

Einige Schüler haben inzwischen ein System von Einschubleisten an drei Wänden installiert, schon jetzt ist klar, dass die Werke sie begleiten sollen, wenn sie nach der achten Klasse ins nächste Jahrgangshaus umziehen.

Am Spätnachmittag ist alles installiert, und die ganz praktisch Begabten haben sogar noch gefegt, gewischt und alle Hobelspäne beseitigt. Ich zeige mich beeindruckt und lobe.

Der Kollege sitzt anschließend in meinem Büro. Er berichtet von den vergangenen drei Tagen. Er ist glücklich und skeptisch zugleich. So zielgerichtet konstruktiv hat er seine Klasse noch nicht erlebt. Aber wird es auch tragen?

Es trägt.

Der Vandalismus ist auf Dauer einem normalen Hang Pubertierender zu Unordnung und Vergesslichkeit gewichen. Das Unterrichten in der Klasse hat Zeit gewonnen, die Vorrede zur Müllsituation kann entfallen.

Und: Der »nette Kumpel Klassenlehrer« ist zum geachteten Mentor der Jungen und Mädchen geworden.

Systemischer Kontext:
- (Nur) wer das Problem hat, hat die Lösung
- Ressourcenorientierung
- Lösungsorientierung

5.9 Herr P. – zum Dritten

Herr P. steht im Sekretariat und redet erregt auf die Sekretärin ein, schreit eher, von Polizei und Presse und wir würden schon sehen. Jetzt ließe er sich nicht mehr hinhalten, und sogar eine Lehrerin sei dabei gewesen, ihren Namen habe er notiert. Für die Anzeige.

Fotografiert haben sie sein Haus und sein Grundstück, eine Schülergruppe mit Lehrerin.

Mir schwant, wovon er spricht.

Kollegin Sonja hat mit ihrer Gruppe türkischer Schüler im Kurs »Zielsprache Deutsch« eine Kurzgeschichte in einen Fotoroman umgesetzt, um den Jungen und Mädchen den Zugang zu erleichtern und einige Abwechslung ins detaillierte Sprachelernen zu bringen. Dazu haben sie das Schulumfeld als Kulisse genutzt.

Herr P. hatte wohl eher an die Planung eines weiteren Attentates auf seinen Briefkasten gedacht. Ich biete ihm an, über die Unterrichtsreihe und seine Mitwirkung –

sein Haus als Kulisse – einen Bericht in der Lokalzeitung zu initiieren. Das will er dann doch lieber nicht.

Er geht, ich gehe meinen Pflichten nach.

> *Systemischer Kontext:*
> - Klagender, Besucher, Kunde (siehe 6.3)
> - Ausnahmen herausfinden

5.10 »Störe meine Kreise nicht!«

Ich ärgere mich immer, wenn mir jemand die Tür vor der Nase zufallen lässt, sie gar vor mir zuschlägt. Schüler können das besonders gut, manchmal aber auch Kollegen. Ich denke dann immer: Wie unhöflich! Hat der oder die denn gar keine Erziehung?

Ich ärgere mich immer, wenn mir jemand dauernd ins Wort fällt, das können Kollegen besonders gut, aber auch Eltern. Ich denke dann immer: Wie unhöflich! Nimmt der oder die mich denn gar nicht ernst?

Da fahre ich dann schon mal aus der Haut: »Kannst du nicht aufpassen?!« oder »Du bist nicht allein auf der Welt!« Und ich unterbreche meinerseits mitten im Satz.

Zuerst fühle ich mich dann gut: Ich habe mich gewehrt. Ich hab es dem oder der gezeigt. So kann man mit mir nicht umgehen!

Und dann fühle ich mich schlecht: Ich habe die Kommunikation verdorben. Ich habe einen Zugang verbaut. Ich bin in der Schule auf Miteinander angewiesen.

Und nun ziehe ich einen Kreis um mich und sorge dafür, dass ihn niemand stört.

Kevin lässt die Tür direkt vor meiner Nase zufallen. Ich hole ihn zurück. »Sieh mal, Kevin, ich wollte grade auch durch die Tür. Du hast sie mir vor der Nase zufallen lassen. Das ärgert mich.« Kevin entschuldigt sich sofort, er kennt die Hierarchien. »Ich hab Sie gar nicht gesehen!« – »Genau! Komm, wir üben das mal«, und ich hole ihn zurück auf meine Seite der Tür. »Immer umdrehen, wenn du durch eine Tür gehst. Wie der Schulterblick beim Autofahren, das kommt nächstes Jahr in der Fahrschule auch. Wenn jemand hinter dir ist, dann hältst du die Tür so lange fest, bis der Nachkommende sie dir abgenommen hat.« Ein »Danke« und »Bitte« kann den Abschluss bilden. »Probier das erst mal mit einem Freund. Wenn du dich traust, kannst du es mit einem Erwachsenen machen.« Wir »üben« zwei-, dreimal, die Prozedur endet in der Regel mit Gelächter, und ich habe einen neuen Kavalier gewonnen.

Auch Herrn P., Kollegin A. und Vater S. mache ich den Kreis deutlich, den ich um meine Person ziehe und den zu überschreiten es meiner Zustimmung bedarf.

Vater S. fällt mir wiederholt ins Wort, als ich die Frage beantworten will, die er mir gestellt hat. Ich nenne ihm freundlich meine Gesprächsregeln und bitte um seine Akzeptanz. Das erlaubt in der Regel ein positives Gesprächsklima und eine gemeinsame Zielorientierung.

Kreise ziehen, Bedingungen beschreiben, Ich-Botschaften senden das ist in vielen Beispielen anzuwenden. Lasse ich mich beim Mittagessen in der Mensa mit »… nur mal eben kurz …« stören, dulde ich einen unangemessenen Ton, nehme ich dienstliche Versäumnisse hin, lasse ich mir »vergiftete« Aufträge aufbürden?

Es ist ein mühsames Geschäft, und es endet nie. Immer neue Schüler, immer neue Eltern, immer neue Situationen mit allen Beteiligten im Betrieb Schule.

Aber so ist das, auch der Dreisatz muss in jedem Jahr neu bearbeitet werden.

Mir geht es gut dabei. Ich schaffe einen – kleinen – Raum um mich herum, in dem ich Ärger nicht zulasse, in dem ich allein die Herrin darüber bin, wie andere mit mir umgehen.

Für Archimedes endete der Satz »Störe meine Kreise nicht« nach der Überlieferung tödlich, er hatte einen Soldaten damit provoziert.

Für mich ist er – in leicht modifizierter Form – für lebenswerte Schule wichtig: Und ich erlaube nicht, dass du den Kreis, den ich um mich gezogen habe, störst.

Systemischer Kontext:
- Achtsamkeit
- Ich-Botschaften

5.11 Herr P. - zum Vierten

Herr P. ist unser Nachbar. Er ist nicht der einzige. Aber er ist einzig. Es gelingt ihm, von allen Schülern geärgert zu werden. Er ärgert sich gern. Und er geht so wunderbar an die Decke.

Meine Aufgabe ist es, ihn wieder herunterzuholen.

Etwa einmal die Woche steht er auf der Matte. Anfangs habe ich versucht, gemeinsam mit ihm das aktuelle Problem, den aktuellen Vorfall zu lösen. Aber er ist kein *Kunde*, er will das Problem nicht lösen, er will nur klagen.

Seit ich ihn als *Klagenden* erkannt habe, bekommt er

jeweils nur noch wenig Zeit. Ich achte sorgfältig darauf, *wie viel* Zeit ich für ihn erübrigen kann.

So sind wir beide zufrieden. Bis zum nächsten Mal.

Systemischer Kontext:

- Klagender, Besucher, Kunde (siehe 6.3)
- Rollenklärung

5.12 »Ich habe einen Traum«

Ich sitze in der Schulleitungssitzung. Während ich nur halb zuhöre, kritzele ich auf meinem Block. Mein Bleistift streicht in unmutigen Bewegungen über das Papier. Warum bin ich nicht voll bei der Sache?

Mir geht der Ablauf dieser Sitzungen schon seit geraumer Zeit gehörig auf die Nerven: Blah, blah dies – blah, blah das! Ich schmücke mein Kritzel-Kunstwerk mit einem Blitz, der am rechten Rand des Papiers aus den darüber schwebenden Wolken zu Boden fährt.

Wir hetzen von Tagesordnungspunkt zu Tagesordnungspunkt.

Alles scheint gleich wichtig: Die Schüler verlassen den Schulhof während der Mittagsfreizeit in Scharen, stürmen das naheliegende Einkaufszentrum oder stehen in den Gärten der Nachbarschaft und rauchen.

Es hagelt Elternbeschwerden über eine Kollegin, die in ihrem Unterricht stundenlang von ihren schönsten Ferienerlebnissen in ihren bevorzugten Reisezielen berichtet, aber gleichzeitig unverhältnismäßig hohe Anforderungen in Klassenarbeiten stellt, sodass fast die Hälfte aller Schüler nur mangelhafte Leistungen erbringt. Und überhaupt der Englischunterricht! Die Ergebnisse unserer Schüler bei den zentralen Abschlussprüfungen liegen deutlich unter dem Reverenz-Niveau. Das liegt wiederum daran, dass unsere Curricula nicht wirklich den Prinzipien individualisierten Lernens entsprechen.

Hohe Wellen eines mit Bleistift skizzierten Meeres bilden einen Strudel, in dem ein einsames Strich-Männchen untergeht. Viele dunkle Unglückswolken drängen sich am oberen Rand meines Kunstwerkes. Von links zieht jetzt noch eine alles überschattende Sturmwolke auf: Alle tagesaktuellen Probleme werden davon dominiert, dass wir in der Schulleitung den Terminplan für das kommende Schuljahr erstellen müssen. Ein Großsystem wie unsere Schule ist überhaupt nur zu steuern, wenn rechtzeitig alle Konferenzen, Sprechtage, Prüfungen, Projekte,

Anmeldungen, Pflegschaften und besonderen Ereignisse aufeinander abgestimmt sind.

Als ich erneut auf meinen Notizblock schaue, fesselt ein von mir bisher nicht wahrgenommenes Detail meine Aufmerksamkeit: Da gleitet doch ein zwar kleines, aber sehr tiefgängiges und robustes weißes Segelboot durch die vom Orkan aufgepeitschten Wellen! Ich erkenne die Chance, die sich mir bietet sofort: Bloß weg hier! Nichts wie rein in die Jolle und sofort in eine andere Szenerie steuern!

Als Erstes genieße ich die Ruhe und Entspannung, die sich mir jetzt unter dem herrlich blauen Himmel bei mildem Sonnenschein bietet. Ich tauche meine Hand in das wohltemperierte Meerwasser und erfreue mich an den blinkenden Wassertropfen, die ich in die klare Luft werfe.

Nur noch schwach erinnere ich mich an die anstrengenden, fast zermürbenden Schulleitungssitzungen der letzten Zeit. Begriffe wie Qualitätssicherung, Zieldefinition und Lernstandserhebung dringen an mein inneres Ohr, lösen aber hier in der neuen Umgebung keine stärkeren Reaktionen in mir aus.

Ja – das mit den Schulleitungssitzungen. Man müsste

das alles anders machen. Vor allem entspannter.

Die Grundlage ist doch: Wir brauchen dafür einen Raum, der garantiert, dass die hohen Wellen des Alltags dort nicht sofort hineinschwappen. Alle Einflüsse von außen müssen durch einen klaren Hinweis »Stören verboten!« ausgeschaltet werden. Auch die Zeit spielt eine große Rolle. Für alle, die im Boot der Schulleitung sitzen, sollte der Sitzungstermin ein angenehmer sein, am Ende des Schultages – ohne unmittelbar folgende Verpflichtungen.

Und: Das ständige Hetzen, das Springen von Thema zu Thema muss aufhören.

Ich muss lächeln: Schule leiten hat schließlich viel mit Navigation zu tun!

Dann sollte man aber nicht mit einer Nussschale in den Orkan starten!

Ich stelle mir eine kleine Flotte von mindestens drei seetüchtigen Schiffen vor. Jedes Schiff hat seine besondere Eigenart und erfüllt eine spezifische Aufgabe.

Im ersten Schiff – mir kommt der Begriff Postboot in den Sinn – lagern wohlgeordnet in dafür eingerichteten Fächern alle termingebundenen Aufgaben der Schulleitung. All das, was immer wiederkehrt, ist dort so gelagert, dass es im Schuljahreslauf rechtzeitig vor dem eigentlichen Ereignis aktiviert werden kann.

Das zweite Schiff sehe ich als Rettungsboot. Mit seinem starken Motor begleitet es die Flotte permanent, kann sich bei aktuell notwendigem Krisenmanagement jederzeit an die Spitzenposition setzen, denn die anderen Fahrzeuge lassen es aus gutem Grund dorthin passieren.

Das dritte Schiff kann nur eine schnittige Jacht sein! Selbstbewusst nimmt sie ihren Kurs in die Sphäre der Zukunft auf. An Deck agiert eine kompetente Crew, die vorausschauend die weitere Schulentwicklung in die Hand nimmt. Am Bug, wo man üblicherweise den Namen des Schiffes sieht, erkenne ich einen Schriftzug mit dem nächsten Etappenziel unserer Schulentwicklung.

Diese kleine Flotte gibt wirklich ein ermutigendes Bild ab – jedes Schiff gleitet für sich zügig voran, und alle halten gemeinsam einen klaren Kurs.

Ich verfolge, wie die Boote sich langsam immer weiter von mir in Richtung Horizont entfernen und … »Wann soll denn jetzt das Kennenlernfest stattfinden? Vor oder nach Himmelfahrt? Das habe ich dich doch grade schon gefragt!«

Ich schaue etwas desorientiert in die Runde: »Ach ja, der Termin für das Fest. Besser ist vor Himmelfahrt. – Und dann möchte ich euch vorschlagen, dass wir beim nächsten Mal darüber reden, wie wir hier in der Schulleitung unsere Sitzungen gestalten. Ich habe da so ein Bild vor Augen, wie wir unsere Arbeit konstruktiver gestalten können.«

Systemischer Kontext:
- Lösungsorientierung
- Rollenklarheit

6 Ein kleines Angebot an hilfreichen Methoden

Eine zentrale Aufgabe von Schulleitung, wenn nicht *die* zentrale Aufgabe, ist die Personalführung.

In der Wirtschaft gängige Methoden wie Beförderungen, Boni, Freizeitausgleich, Zugestehen von Statussymbolen wie Dienstwagen oder Sekretärin entfallen weitgehend, denn auch bei möglichen Beförderungen ist der Einfluss der Schulleitung nur begrenzt.

Personalführung im System Schule geschieht im Wesentlichen durch aktive Wahrnehmung und transportierte Wertschätzung der Mitarbeiter (siehe Kap. 6.1).

Ein weiterer Schwerpunkt im Aufgabenfeld ist die Beratung. Wir beraten Eltern, Kolleginnen und Kollegen, den Schulträger, das nichtpädagogische Personal und auch Schülerinnen und Schüler. Dabei lauern – grade in der Vielschichtigkeit der Themen – besonders zwei Gefahren: Wir können uns in die Problemtrance unseres Gesprächspartners hineinziehen lassen (»Das war ein nettes, einvernehmliches Gespräch, hat dem Problem aber nicht abgeholfen«). Oder aber wir erteilen vorschnell Ratschläge (auch Ratschläge sind Schläge!). Beides führt zu keinem tragbaren, weiterführenden Ergebnis. Hilfreicher ist auch hier eine konsequente Fragehaltung (siehe Kap. 6.2).

Und noch einmal die Frage: Wie gehe ich bei all diesen Aufgaben und Beziehungen nicht unter?

Material 3 kann Ihnen helfen, die Fülle der Kommunikationspartner so zu strukturieren, dass sich daraus ein sinnvolles Zeitmanagement ergibt (siehe Kap. 6.3).

6.1 Kollegen ressourcenorientiert in den Blick nehmen

Unsere Schule ist eine Teamschule und wird von einem Leitungsteam geführt, das aus sieben Personen besteht: Schulleiter und Stellvertreter, didaktischer Leiter und vier Abteilungsleiter. Eine zumindest ähnliche Gruppierung gibt es an jeder Schule.

Im systemischen Denken gehen wir davon aus, dass Arbeitszufriedenheit dann entsteht, wenn ein Mitarbeiter sich wertgeschätzt fühlt, wenn er sich als zugehörig empfindet und als wirksam. Aus dieser Annahme ist das *Material 1* entstanden (Wann fühlt sich Kollegin/Kollege …).[2]

2 Die jeweiligen Fragebögen stehen zum Download bereit unter: www.carl-auer.de/programm/materialien/systemisch_denken_schule_erfolgreich_leiten.

In regelmäßigen Abständen blicken wir bei der Schulleitungssitzung auf einzelne Kolleginnen oder Kollegen. Jedes Schulleitungsmitglied füllt in Stillarbeit den Bogen aus (siehe Material 1). Wir haben zwei ausgefüllte Beispielbögen – zum gleichen Kollegen – beigefügt.

Diese Bögen sind dann Grundlage für ein vertiefendes Gespräch. Wir vergleichen unsere Wahrnehmungen, wir entdecken Überraschendes, wir gewichten und werten aus. Es entsteht ein neuer Rahmen. Wir schließen mit Verabredungen ab.

Einmal im Monat wird *der Kollege/die Kollegin des Monats* gekürt. Jedes Schulleitungsmitglied stellt seinen Kandidaten (in der Regel aus seinem engeren Arbeitsbereich) vor und begründet seine Wahl. Gemeinsam entscheidet sich das Gremium für einen Kandidaten, in Ausnahmen auch mal für zwei. Der auserkorene Kollege erhält einen Blumenstrauß im Büro des Schulleiters. Der Vorschlagende ist auch anwesend und begründet die Wahl: Es gibt eine kleine Laudatio auf den Belobigten.

Diese solchermaßen Ausgezeichneten sind in der Regel sehr erfreut. Ihre Arbeit wird gesehen, es ist nicht alles selbstverständlich. Das motiviert.

Ein weiterer Gewinn ist es, dass regelmäßig auf sieben – oder mehr – Kollegen gesehen wird und ihre gute Arbeit schulleitungsöffentlich diskutiert wird.

Schulleitungen neigen dazu, vor allem die Sorgenkinder unter den Kollegen im Blick zu haben, vielleicht auch noch die absoluten »Highlights«.

Der »normale« Lehrer, der täglich gut und verlässlich seine Arbeit macht, wird schnell für selbstverständlich gehalten und übersehen. Das kränkt diese Kolleginnen und Kollegen häufig. Diese beiden regelmäßigen Rubriken verhindern eine solche Wahrnehmung.

Material 1: Wann fühlt sich Kollegin/Kollege (im schulischen Kontext) …

... wertgeschätzt?	... nicht wertgeschätzt?
Wenn ...	Wenn ...

... zugehörig?	... nicht zugehörig?
Wenn ...	Wenn ...

... wirksam?	... nicht wirksam?
Wenn ...	Wenn ...

Beispiel 1: Wann fühlt sich Kollegin/Kollege Hans Franz (im schulischen Kontext) …

... wertgeschätzt?	... nicht wertgeschätzt
Wenn die Rahmenbedingungen für seine vielen Aktivitäten von Schulleitung gut und rechtzeitig organisiert werden.	*Wenn kein Material da ist.*

... zugehörig?	... nicht zugehörig?
Wenn in der Nähe seines Sitzplatzes im Lehrerzimmer die Möglichkeit besteht, Kaffee zuzubereiten.	*Wenn theoretisch abstrakt über pädagogisch Allgemeines gesprochen wird.*

... wirksam?	... nicht wirksam?
Wenn 5 Schüler durch handwerklich klaren Zugriff in kurzer Zeit Vorbereitungen für eine Veranstaltung treffen.	*Wenn sich zu lange mit der Vorrede aufgehalten wird.*

Beispiel 2: Wann fühlt sich Kollegin/Kollege Hans Franz (im schulischen Kontext)

... wertgeschätzt?	... nicht wertgeschätzt?
Wenn man ihn als Experten wahrnimmt.	*Wenn man ihn mit theoretischen Anforderungen klein macht.*

... zugehörig?	... nicht zugehörig?
Wenn man seinen hintergründigen Humor wahrnimmt und schätzt.	*Wenn man ihn durch Fachsprache und »arrogantes Lehrergehabe« ausgrenzt.*

... wirksam?	... nicht wirksam?
Wenn er mit Schülern gemeinsam konkret »anpacken« kann.	*Wenn er Entscheidungsprozesse nicht nachvollziehen kann, nicht mitgestaltet hat.*

6.2 Das Meta-Modell der Sprache – die »Ufo-Übung«

Die *grundsätzliche Fragehaltung* ist eine weitere hilfreiche Arbeitsweise der Systemik.

Bei der »Ufo-Übung« geht es darum, das Problem, das mir ein Kollege, ein Vater, ein Schüler vorstellt, wie etwas ganz Außergewöhnliches zu betrachten, wie etwas, was man noch nie gesehen oder von dem man noch nie gehört hat (siehe Material 2). Diese Übung beruht auf dem systemisch geprägten, sogenannten Meta-Modell der Sprache, das aus dem Theoriekontext des Neolinguistischen Programmierens (NLP) stammt.

Wenn ich mich als Beratender darauf einlasse, das Problem wie etwas völlig Unbekanntes, eben wie ein Ufo, zu sehen, gewinne ich für das Gespräch einen viel weiteren Spielraum.

Im schulischen Alltag haben Gespräche über Probleme normalerweise genau umgekehrte Voraussetzungen. Wenn ein Kollege über einen auffälligen Schüler spricht, neige ich als Zuhörer dazu, sofort mit ihm auf eine »Wellenlänge« zu gehen. Ich stimme ihm in allem, was er sagt, zu und ergänze seinen Bericht mit eigenen, ähnlich gelagerten Erfahrungen. Dabei interpretiere ich automatisch die Informationen des Sprechenden. Nach einem solchen Gespräch haben beide Teilnehmer sich wechselseitig in ihren Weltsichten bestärkt, ohne jedoch eine Handlungsperspektive gewonnen zu haben.

Menschen, die ein Problem haben, neigen dazu, dieses

als statisch, ja sogar unveränderlich darzustellen. Wenn es sie schon länger quält, wird sich bei ihnen bereits ein »Tunnelblick« entwickelt haben. Diese Haltung spiegelt sich in der sprachlichen Repräsentanz wider. Menschen, die ein Problem haben, neigen dazu, bestimmte sprachliche Formen zu benutzen, die die Unabänderlichkeit des Problems unterstreichen.

Die »Ufo-Übung« hilft dem Beratenden dabei, diese verbalen Festschreibungen »weicher« zu machen. Durch bestimmte Fragen kann die Aufmerksamkeit des Berichtenden gerade auf jene Aspekte gerichtet werden, die er aufgrund seiner vom »Tunnelblick« geprägten Wahrnehmung ausgelassen hat. Wenn man im Sinne des Meta-Modells der Sprache agiert, versucht man, auf die Vorannahmen des Sprechenden Einfluss zu nehmen.

Der Berater wählt Fragen aus, die den Berichtenden aus seiner Befangenheit im Problemkontext lösen: »Wie muss die Frage beschaffen sein, die allein durch die besondere Eigenart ihrer Vorannahmen den Klienten am stärksten verändert, allein dadurch, dass er die Vorannahme akzeptieren muss, um die Frage zu beantworten?« (Tad James 2005).

Material 2: Das Meta-Modell der Sprache

Betrachte das Problem *wie ein »Ufo«:*
wie etwas ganz *Außergewöhnliches,*
wie etwas, das du noch *nie gesehen* hast,
von dem du noch *nie gehört* hast.

Wer?

Welche Person
ist beteiligt?

Was ist noch
...
als das?

(Vergleiche)

Was genau?

Was soll ich mir
vorstellen?

Wie genau
wird das
gemacht?

Wann genau?

Welche Schritte
gehören dazu?

Wie muss die Frage beschaffen sein,
die allein durch die besondere Eigenart ihrer
Vorannahmen
den Klienten am stärksten verändert,
allein dadurch, dass er die Vorannahme akzeptieren muss.

Nominalisierungen auflösen: *Ich bekomme keine Hilfe.*
- Wen hast du schon angesprochen?
- Welche Fähigkeiten sollte dein Helfer haben?
- Was hilft dir?

Unbestimmte Verben präzisieren: *Er lehnt mich ab.*
- Woran siehst du das?
- Wie macht er das genau?
- In welchen Situationen gelingt ihm das?

Unbestimmten Inhaltsbezug eingrenzen: *Das ist schwer.*
- Wo genau kommst du an deine Grenze?
- Was schaffst du?
- Wo liegt der „Haken“?

Tilgung: *Ich verstehe nichts.*
- Was genau ist dir unklar?

Verallgemeinerungen: *Niemand beachtet mich.*
- In welchen Situationen fühlst du dich nicht beachtet?
- Woran erkennst du, dass andere dich nicht beachten?

6.3 Klagender – Besucher – Kunde

Es gibt auch die Kommunikationspartner, die von sich aus viel Zeit und Energie einfordern, ohne dass ein Nutzen daraus gewonnen würde. Dies gilt für alle, die an dem Thema Schule beteiligt sind. Wie gehe ich damit um?

Die Systemik unterscheidet Kommunikationspartner in Klagende, Besucher und Kunden (siehe Material 3).

Klagende sind Menschen, die immer wieder kommen, um diverse Missstände zu beklagen, die aber nicht an einer Lösung interessiert sind. Entfiele damit doch die Gelegenheit zu klagen. (Sie erkennen sicher unseren Herrn P. wieder.)

Es kommen auch Menschen, die abtasten möchten, ob man miteinander ins Geschäft kommen kann; sie möchten wissen, was ich als Kooperationspartner anzubieten habe. Sie sind die *Besucher.*

Und es kommen Menschen, die entschlossen sind, ein Problem mit mir gemeinsam anzugehen, nach Lösungen zu suchen. In ihnen sehen wir die *Kunden.*

Setzen Sie sich ein striktes Zeitlimit für Klagende – man muss sie anhören, aber sie dürfen Ihre Zeit nicht fressen. (Bieten Sie einem Klagenden nie einen Kaffee an!)

Nehmen Sie sich alle Zeit für Kunden! Diese sind wie Sie an einer strukturierten Lösungssuche interessiert.

Und die Besucher? Tasten auch Sie ab: Welche Zeitinvestition lohnt sich? Man bekommt im Lauf der Zeit ein Gespür dafür. Besucher entwickeln sich oft zu Kunden.

Zeitmanagement ist unverzichtbare Gesundheitsfürsorge für alle, die an einer Schule Leitungsfunktionen innehaben.

Material 3: Klagender – Besucher – Kunde

Versuchen Sie, sich an eine Situation in Ihrem Alltagsgeschäft zu erinnern.

Schildern Sie die Situation, in der Ihr Gesprächspartner eine der obigen Titulierungen hätte tragen können.

Versuchen Sie gemeinsam eine Definition zu finden.

Beraten Sie über entlastendes Umgehen mit dem jeweiligen Gesprächspartner:

Ein Klagender ist jemand, der ...
Mit ihm/ihr ...

Ein Besucher ist jemand, der ...
Mit ihm/ihr

Ein Kunde ist jemand, der ...
Mit ihm/ihr

7 Abschlussbemerkung

»Wenn es in diesem Raum einem anderen besser geht als mir selbst, dann mache ich etwas verkehrt.«

Diese bewusst pointiert formulierte Erkenntnis aus der Systemik wirkte auf uns als Schulleiterinnen zunächst sehr irritierend. Vom Ergebnis her gesehen, perturbierte sie uns aber im besten systemischen Sinne. Sie richtete unseren Blick auf die Institution Schule neu aus und, noch wichtiger: Sie veränderte unser Handeln im schulischen Alltag. Wir verstanden: Schule ist dann wirklich eine lernende Organisation, wenn es allen Beteiligten in ihr gut geht. Wir erkannten: Unsere eigene Haltung ist der Dreh- und Angelpunkt erfolgreicher Schulleitung.

Gerade die Systemik zeigt uns: Erfahrungen sind nicht übertragbar. Jeder von uns muss in Bezug auf seine eigene Person und die spezifischen Bedingungen vor Ort seine Lösung finden. Deshalb bieten wir in diesem *Spickzettel* keine Lösungen an. Wir hoffen aber, dass wir Sie mit unseren »Knotenpunkten« dazu anregen konnten, den »Knotenpunkten« Ihres eigenen Arbeitsfeldes als Schulleiter gelassener zu begegnen und den in Ihrem Alltag auftretenden Schwierigkeiten immer auch die Chance der Lösung abzugewinnen. Vielleicht probieren Sie den einen oder anderen Vorschlag des »Methodenmanuals« einmal aus und lassen sich so zu neuen Perspektiven der Leitung inspirieren.

Wir würden uns freuen, wenn Sie diesen *Spickzettel* mit Vergnügen gelesen haben. Wir haben sowohl in unserer langjährigen gemeinsamen Arbeit als auch beim Schreiben dieses Buches viel Freude empfunden. Wenn dieser »Funke« übergesprungen ist, haben wir unser wesentliches Ziel erreicht. Wir wollen zeigen, dass auch die komplexe Aufgabenstellung des Schulleiters mit der entsprechenden Haltung leichter und sogar ganz leicht werden kann.

In diesem Sinne wünschen wir Ihnen allen Erfolg bei der Schulleitung!

Literatur

de Shazer, Steve (2012): Der Dreh. Überraschende Wendungen und Lösungen in der Kurzzeittherapie. Heidelberg (Carl-Auer), 12. Aufl.

Erickson, M. H. u. E. L. Rossi (1999): Hypnotherapie: Aufbau – Beispiele – Forschungen. München (Pfeiffer).

Grochowiak, K. (1995): Das NLP Practitioner Handbuch. Paderborn (Junfermann).

Heinemann, G. (1975): Allen Bürgern verpflichtet. Reden des Bundespräsidenten 1969–1974, Band I. Frankfurt/M. (Suhrkamp).

James, T. (2005): Time Coaching. Programmieren Sie Ihre Zukunft ... jetzt! Paderborn (Junfermann).

Hubrig, C. u. P. Herrmann (2005): Lösungen in der Schule. Systemisches Denken in Unterricht, Beratung und Schulentwicklung. Heidelberg (Carl-Auer), 4. Aufl. 2014.

Hubrig, C. u. P. Herrmann (2012): Einführung in die Systemische Schulpädagogik. Heidelberg (Carl-Auer).

Watzlawick, P. (2009): Anleitung zum Unglücklichsein. München (Piper).

Verfassung des Landes Nordrhein-Westfalen. Verfügbar unter: www.landtag.nrw.de/portal/WWW/GB_II/II.2/Gesetze/Verfassung_NRW.jsp [25.6.2014]

Über die Autorinnen

Diederika Forster, Studium und Ausbildung zur Volksschullehrerin; nach Dienst an einer Hauptschule Wechsel zur Gesamtschule; Leitung der Lehrerfortbildung »Unterricht für Aussiedlerkinder« bei der Bezirksregierung Münster; Elternbeauftragte, Beratungslehrerin, Abteilungsleiterin 7./8. Jahrgangsstufe; Fortbildungen u. a. in systemischer Organisationsentwicklung; seit 2009 im Ruhestand. Arbeitsschwerpunkte: Schulprogrammarbeit, Beratung (Eltern, Kollegen, Schüler), Unterrichtsentwicklung, schulinterne Fortbildung, Schule im kommunalen Umfeld, Aufbau einer Schulpartnerschaft mit einer Sekundarschule in Tansania.

Kontakt: *d.forster@ge-waltrop.de*

Ulrike Waterkamp, Studium der Pädagogik und Germanistik, 2. Staatsprüfung Lehramt am Gymnasium; seit 1995 Abteilungsleiterin, seit 2003 stellvertretende Schulleiterin an der Gesamtschule Waltrop. Berufsbegleitende Weiterbildungen in Systemischer Beratung/Systemischer Organisationsentwicklung in der Schule; Fortbildnerin der Freinet-Kooperative Deutschland e.V., Spiel- und Theaterpädagogin (HdK Berlin).
Kontakt: *u.waterkamp@ge-waltrop.de*